Las carreras de mi vida

Edna Jackeline Vázquez Núñez

Las carreras de mi vida

Edna Jackeline Vázquez Núñez

VIVE Publishing

Las carreras de mi vida
Edna Jackeline Vázquez Núñez

© 2018: Edna Jackeline Vázquez Núñez

© 2018: VIVE Publishing

Diseño y edición: Luna Press

Edición del borrador: Leda Santodomingo

ISBN 9781723847400

Todos los derechos reservados. Cualquier forma de reproducción, distribución, comunicación pública o transformación de esta obra solo puede ser realizada con la autorización de sus titulares, salvo excepción prevista por la ley.

Imagen de la portada: Edna en la Antártida, 2016.
Foto: Racing the Planet

Agradezco a Jeff, mi querido amor, por ayudarme a terminar esta historia de millas, fuerza, cansancio, resistencia y dedicación.

Agradezco a mamá, papá y hermanas por ser mis primeros compañeros.

Agradezco a mi tía Nena por haberme puesto en el camino del ultramaratón.

Agradezco a mi abuelita Rosa por inculcarme a ser una mujer libre; gracias a mi abuelito Javier por ilustrarme con tu conocimiento, aquel día quería platicarte de este libro. Te adelantaste y no te pude alcanzar. Algún día nos veremos nuevamente.

Dedico este libro a todo el mundo, sueñen en grande, trabajen duro y alcancen sus objetivos.

Índice

La vida, el sueño y la adversidad 11

Prólogo 13

CAPÍTULO 1: Paso que se da no se vuelve a vivir; en cada terreno, es único e irrepetible 19

CAPÍTULO 2: Cuando tomas decisiones, serán tuyos los aplausos... y también las críticas y el dolor 41

CAPÍTULO 3: Todo se pasa. El tiempo todo lo cambia. En sudor y lágrimas, ahogué mi dolor 57

CAPÍTULO 4: La fortaleza está en conocer tu cuerpo y tu alma 91

CAPÍTULO 5: En el desierto vives con lo mínimo. Caminas y queda lo indispensable. Valoras la simplicidad 103

CAPÍTULO 6: No me gusta que los días sean iguales. Alcanzo el objetivo y empiezo a planear 123

CAPÍTULO 7: Si nos limitáramos a enfrentar el día a día con fe en que tendremos los recursos para resolver nuestras necesidades, la vida sería más sencilla 137

CAPÍTULO 8: Imposible que algo crezca y funcione si no le dedicas el tiempo 153

CAPÍTULO 9: Aprendemos compartiendo nuestras diferencias. Luego de una confrontación, se queda la mejor idea 161

Monterrey, Nuevo León, México, 1996.

La vida el sueño y la adversidad

No sé si lo escogí o fue la vida la que marcó mi destino. Sólo sé que venciendo obstáculos y enfrentando la adversidad, he logrado todo lo que me he propuesto, siempre, buscando la excelencia, reclamándole a mi cuerpo fuerza y coraje para llegar a la meta.

La adversidad ha sido mi principal herramienta, lo que me ha moldeado y permitido perseverar, aprender y crecer. He aprendido que, en los momentos de mayor cansancio y fatiga, cuando el cuerpo y el dolor te quieren derrotar se puede sacar la fuerza del espíritu y comenzar a dirigirlos. Algo a lo que llamo *"hit the wall"*: tropezar con una pared imaginaria que dispara una batalla entre la fatiga, el cansancio, el dolor. Y bueno, yo los voy manejando como puedo, uno por uno.

Siendo una niña, notaba que era diferente. Me gustaban cosas distintas. Entonces, no me resistí a lo que era ni traté de copiar lo que parecía ser el modelo aceptado. Por el contrario, me aferré a mí, a lo que me gustaba y quería. No era fácil ir contra la norma. Tuve la ventaja de tener unos padres que me hicieron fuerte. Una familia que creyó en mis capacidades. Estas fortalezas me han acompañado a lo largo de mi vida. Este proceso desde mi niñez a la adolescencia. Luego hacerme adulta y abandonar el confort de mi pueblo. Enfrentarme a una gran ciudad sola, a vivir con un esposo y un matrimonio al que todos se oponían, superar la culpa de haberme equivocado muchas veces, son parte de la historia que quiero compartir. Aquí hablo de mis caídas y triunfos, de mi dolor y consuelo, hablo de la vida con sus claroscuros.

Espero que estas líneas sirvan de estímulo y mis vivencias puedan sumarse a sus propias experiencias, porque como lo digo una y otra vez en este libro, nadie es igual a alguien más y aunque los caminos se parezcan, cada quien vive sus procesos de una manera única y especial.

Prólogo

Por más que trato, no logro relajarme. Tengo que descansar, pero el pequeño camerino en el segundo piso del barco "Plancius" no me lo permite. Llegamos a Argentina desde Chicago en un vuelo con escala en Houston. Hoy 16 de noviembre del 2016 será una fecha que recordaré mientras viva. Este día marca el comienzo del final de un capítulo que comencé a escribir hace cuatro años. Este es mi último desierto. Me preparo para caminar, correr, llorar, reír sobre la superficie de la Antártida.
—¡Antártida estoy lista para ti! ¡Cuánto te temo! ¡Cuánto te deseo!
De Buenos Aires nos dirigimos a Ushuaia, El fin del mundo. Así se le conoce. Allí termina América. Y yo me pregunto: "¿será el fin o el comienzo de todo?"
Ya no hay vuelta atrás. Aquí estamos 61 corredores de 24 países, quienes compartiremos cada minuto de estos 12 días de expedición. Una hazaña para gente especial, diferente, extraños que hemos encontrado en los ultra maratones un sentido de vivir.

Sentía la frescura de noviembre porque en Argentina es primavera, al contrario de mi Chicago que dejé atrás, seco y helado. Sabía que lo que vendría era complejo, este desierto era distinto a los anteriores. Aquí los días nunca terminan. Debíamos navegar por tres días para finalmente poner nuestros pies en tierra, debidamente esterilizados, en un lugar incorrupto donde sólo personas "raras" como mis compañeros y yo lograríamos llegar.

Estaba tensa, emocionada ante la incertidumbre de lo que vendría. Nunca había navegado en un barco como aquel. No era el *ferry* que ya conocía cuando cruce de Sevilla a Marruecos, tampoco, un crucero de esos que transportan a miles de personas y parecen ciudades en medio del mar. Este era un barco de expediciones e investigación que contaba con lo básico para cruzar el Atlántico.

Me asignaron un cuarto pequeño que compartí con Katia, una chica libanesa con la que había corrido otros desiertos. Katia, cuya lengua materna es el árabe, se comunicaba conmigo en un inglés con un marcado acento, pero la entendía lo suficiente como para sentir su angustia, su temor y entender las preguntas que giraban alrededor de lo que venía y era desconocido para las dos: la Antártida.

En la Antártida hubo una logística diferente. La noche antes de descender a la primera isla cruzamos el Pacífico. Tenía una idea general de cómo se comportarían esas aguas. Sabía que durante la travesía nos encontraríamos con tormentas y remolinos gigantes, razón por la cual allí han desaparecido decenas de embarcaciones. Me había preparado por meses corriendo más de 15 millas diarias, es decir, más de un medio maratón. Creía estar lista. Conmigo había traído un libro para distraerme, pero entre el movimiento del barco y una compañera que hablaba y hablaba, me sentía aturdida. Perdía algo muy importante: energía. Yo me sé controlar. Sé lo que hay que hacer antes de cada maratón, pero en esta ocasión los factores eran distintos. He aprendido que ante un reto tan complejo como éste, lo mejor es estar en silencio, callar la mente y atender las necesidades del alma, pero me sentía agobiada, descompensada, así que cerré los ojos para tratar de dormir o simular que lo hacía para que mi querida Katia se callara, se guardara sus monstruos, total yo tenía los míos.

Me cubrí los ojos con el libro que en vano intentaba leer a ver si me dormía, entonces, como cuando era una adolescente aparecieron mis miedos de siempre, aquellos a quienes pensaba ya había doblegado de tanto enfrentarlos y hablarles de frente, no, en este momento justo antes de mi último desierto no podía, no me dejaban, ahora cuando tenía que estar serena y descansar.

—Tranquila —me repetía una y otra vez—. En unas horas estarás sola, en silencio, caminado por la Antártida, un espacio que conoces como si ya lo hubieras caminado. Has escuchado acerca de él, leído, te lo has estudiado, imaginado. En un rato tu cuerpo sentirá un frío que te parecerá delicioso, respirarás su olor nuevo, será tu compañero de viaje, estarás cumpliendo tu objetivo, un sueño convertido en realidad, tu cuarto desierto.

—Relájate —me repito angustiada—, descansa, pero no, allí están los miedos alborotados los de ahora y los de mi adolescencia, me siento tan frágil como cuando tenía 15 años y no me había venido la regla ni había tenido novio, nadie me había besado ni dicho que era bonita, aunque no lo fuera.

En este insomnio impertinente no necesito recordar las que fueran mis debilidades, pero si no voy a dormir, entonces pensaré en ellas, hablaremos de ellas a ver si las saco del camino y me duermo.

Ice Age Trail, Whitewater, Wisconsin, Estados Unidos, 2014

Paso que se da no se vuelve a vivir; en cada terreno, es único e irrepetible

Con mucha fuerza y amor

Aunque mi mamá y mis tías piensen lo contrario, no fui una niña muy agraciada. Yo diría que no era linda o así lo sentía y lo percibía; eso sí, nací en el mejor hogar del mundo con unos padres y hermanas que me dieron todo el amor y el apoyo que necesitaba una niña ultra inquieta como yo. Aquel amor incondicional me dio la fuerza y la seguridad para explorar y construir el mundo que quería para mí, por cierto, bien distinto al de mis padres.

Asistí a la primaria en Monterrey, México. Era una niña normal, una persona ordinaria que tuvo la dicha de contar con una madre que estaba siempre pendiente y que nos repetía que, si queríamos avanzar y lograr nuestras metas, teníamos que prepararnos, estudiar y hacer deporte. Mi mamá fue una mujer muy clara y asertiva. A los tres años, me inscribió en clases de danza y ballet. La actividad física siempre fue parte de mi educación. Creo que eso ha sido una bendición para lograr la fuerza y formación que necesitaría después.

Con el tiempo me di cuenta de que no me gustaba el ballet. Lloraba cada vez que me llevaban. Entonces me inscribieron a natación. Seis años tomé clases y como soy de Monterrey, una ciudad calurosa todo el año, me gustaba estar en el agua mucho tiempo. Era una actividad que disfrutaba y me ayudó a amar los deportes. Luego me inscribieron en el Pentatlón, un programa de deportes militarizado que forma parte del sistema mexicano. En este programa se entrenan niños y adolescentes utilizando la metodología de los deportes de alto rendimiento. Allí empezamos Zailly, mi hermana mayor y yo. Para esa época tendría como siete años y permanecí en ese programa de formación por lo menos los siguientes ocho años. Estando en esta actividad, entré en contacto con muchos deportes: natación, gimnasia olímpica, atletismo, artes marciales, disciplinas militares. También aprendí estrategias para ser buena deportista, estudiante y ciudadana.

Era un sistema muy rígido, pero para mí era divertido. Esta actividad fue parte fundamental de mi vida pues me permitió desarrollar la fuerza y el alto rendimiento con los que cuento hoy.

Desde niñas nos llevaban a las montañas a correr y nos imponían ejercicios muy duros. Aunque fuéramos pequeñas, entrenábamos hasta cinco horas diarias. Los sábados y domingos eran los más intensos, pero para mí eran una bendición que me alejaba de las otras actividades sociales en las que no me sentía cómoda. Ahora sé que el pentatlón, durante mi niñez y adolescencia, fueron la clave para establecer, a muy temprana edad, la disciplina y un estilo de vida donde la educación estaba ligada al deporte intenso. Yo jugaba, pero el deporte era lo primero.

Algo que aprendí a muy temprana edad es que correr y hacer deporte antes de hacer la tarea me ayudaba a tener un cerebro más activo y dispuesto a absorber todo lo que estudiaba. Aprendía rapidísimo. Después de mis ejercicios y tareas, me quedaba el tiempo suficiente si es que quería compartir con las amigas.

Era una niña súper ocupada y feliz que practicaba dos o tres disciplinas al mismo tiempo. En esos días incursioné en el básquetbol. Este fue uno de los primeros deportes en grupo que realicé. No tenía tiempo para el ocio. Mi mamá no aceptaba que estuviéramos sin hacer nada. Ser inquieta me mantenía siempre haciendo algo. En esos días incluso me gané una beca para aprender inglés. Todo lo que hacía me gustaba y así, manteniéndome ocupada, sin mucho tiempo para el descanso, eliminaba la angustia de sentirme diferente. A veces, estando con mis amigas, al escuchar sus cuentos podía notar que tenían cosas que a mí me faltaban.

El deporte fue mi novio, mi zona de confort, mi refugio

Es posible que en un tiempo fuera introvertida, que hablara poco, que no compartiera mucho con las niñas de la cuadra o de la escuela. Ellas andaban en otro mundo en el que parecía que yo no cabía. Me acercaba a la adolescencia y fue en ese momento, con las hormonas revueltas, que empezaron a aparecer los miedos. Me daba cuenta de que todo el mundo tenía novio. Bueno, "todo el mundo", en mi pequeño mundo. Mis vecinas salían con chicos, paseaban con ellos y yo andaba en otra cosa. Trataba de ocuparme de mis asuntos, aquello no me importaba. Vivía llena de actividades en la escuela, con el deporte y cuando me invitaban a fiestas, no iba porque siempre tenía que madrugar para las competencias. Se me hacía difícil combinar ambos estilos de vida.

En ese momento entré en conflicto, me preguntaba: "¿Estoy bien? ¿Estoy mal?" Mis amigas llevaban la vida de chicas adolescentes normales. Yo no, lo que me hacía sentir fuera de los círculos sociales en los que se movían las niñas de mi edad.

Ellas andaban siempre bonitas, maquilladitas, muy femeninas, pendientes de lucir bien, reafirmando su autoestima, comprando ropa linda y nueva. Yo no tenía nada de eso; en casa los recursos alcanzaban para lo básico y como el deporte no exigía grandes vestimentas, me conformaba y me enfocaba en lo que sí tenía. A veces me sentía triste y fuera de lugar por no contar con las cosas materiales que tenían las niñas de mi edad. Mi mamá, tan linda, me recordaba lo que yo era y lo que valía.

Yo le decía:

—Mamá, no soy ni bonita ni atractiva.

A lo que ella replicaba:

—Hija, tienes el deporte, eres fuerte y valiosa.

Además de que no era bonita y me había puesto bien morena por el sol que tomaba a diario, a los 15 años, como hacía tanto deporte, mi cuerpo no se desarrollaba como el de mis amigas, y el período no me terminaba de llegar. Me veía diferente, sin caderas ni senos. Lloraba y abrumaba a mi mamá con las mismas preguntas, que cuándo me terminaría de venir la regla, cuándo sería una mujer normal. Esos eran mis conflictos y miedos.

Con el tiempo entendí que mi autoestima se fortalecía con el deporte. Allí me sentía cómoda y feliz. No quería saber de chicos porque ellos tampoco querían saber de mí. Así que mis frustraciones las canalizaba hacia el estudio y la actividad física. Convertí mis temores e inseguridades, producto de los cambios hormonales, en mi fortaleza.

Después de la preparatoria me gané una beca para estudiar en la mejor Universidad de Monterrey, la UDEM. En esos días, para mí lo normal era correr tres kilómetros diarios, luego de cinco a diez hasta que, un día, corrí 24 horas. Descubrí que mientras más le pedía a mi cuerpo, más me respondía. Aquella aventura de correr sin dormir me convirtió en la primera mujer adolescente en ganar ese tipo de competencia y creó las bases para lo que se convertiría en mi pasión.

Correr 24 horas sin dormir

En Monterrey había una familia que solía organizar una carrera de 24 horas. El circuito era de unos tres kilómetros. Uno corría y corría y el que cubriera la mayor distancia en esas 24 horas ganaba. Mi tía, la Dra. Corral, muy cercana a nosotros y siempre pendiente de mi progreso en el deporte me dijo:

—Fíjate que existe esta carrera que organizan los Andonie.

Los Andonie eran una familia pudiente que promovían las carreras de distancias largas. Mi tía me explicó en qué consistía el evento y yo, bien contenta, me fui con ella. Llevamos una carpa, por si quería dormir, unas sillas y mi mochila. Así sin mucho conocimiento, me aventé a correr con otras personas.

Era la primera vez que participaría en una carrera con

este tipo de distancias, pero estaba decidida. Empecé a correr y no paraba hasta que me daba sed. Luego me dio hambre y comí, comía algo ligero y seguía. Llegaba la tarde, oscurecía y yo continuaba. Empezaba a experimentar el dolor en mi cuerpo, en mis piernas, me detenía y después continuaba. Lo que más me ayudaba es que estaba acostumbrada al calor y aunque era marzo, en mi Monterrey las temperaturas ya alcanzaban los 95 grados Fahrenheit. No sé si sería el calor, el cansancio o la excitación que produce la carrera, lo cierto es que empecé a pensar distinto, venían ideas claras a mi cabeza acerca de lo que significaba resistir corriendo.

Tenía 17 años y en ese momento dije:

—Dios si puedo correr sin parar por 24 horas, si mi cuerpo me está respondiendo de esta manera, seguramente tendré fuerza para muchas otras cosas.

Algo importante me estaba ocurriendo, supe que pasarían muchas cosas, aunque no sabía exactamente qué. Esa noche no dormí, seguí corriendo hasta que se cumplieron las 24 horas. Este logro me dio mucha seguridad. Había aprendido que tenía una gran fuerza para soportar dolores intensos.

Obtuve el primer lugar, me gané unos cuantos pesos que me sirvieron para comprar zapatos nuevos e inscribirme en otras carreras, pero mi ganancia mayor fue entender que tenía una fuerza inmensa dentro de mí. No me hacían falta los chicos guapos de mis amigas para ser feliz. Tenía una fortaleza enorme, una herramienta vital que a partir de ahora me acompañaría en todas las tareas que me propusiera.

Batí el récord, fui la primera joven en cumplir esa hazaña, pero no sería la última que lograría.

*Cien kilómetros en 10 horas
y 24 horas corriendo dentro una piscina*

La emoción por desarrollar más habilidad y resistencia me llevó a correr aquellas 24 horas en abril de 1998. Era el recorrido más largo que había hecho; fueron 80 kilómetros en donde logré ganarle a mujeres con mucha más experiencia y edad que yo. Allí estaban Silvia Andonie de 50 años y María Luisa (Quita), una adorable mujer de Torreón, Coahuila, a quienes conocí aquel fin de semana.

Para esa época no había mujeres menores de 30 años en los maratones de ultra distancia. La comunidad de atletas de alto rendimiento en Monterrey era muy pequeña. Descubrí que había encontrado un camino que me fascinaba, que tenía una capacidad inmensa para tolerar el dolor y la fatiga y que podía pasar largas jornadas sin comer, por lo tanto, se me hizo muy atractivo descubrir qué era lo que seguía, qué más podía hacer, hasta dónde podía llegar mi cuerpo. Fue un proceso que me ayudó a descubrirme, conocer quién era, todo gracias al deporte.

Estaba contenta con mi rápido progreso. Ese año me dijeron que me preparara para la carrera de 80 y 100 kilómetros. En estos recorridos tienes doce horas para terminar. Era algo muy complejo, pero estábamos en abril, tenía hasta noviembre para entrenar. No contaba con un programa de entrenamiento, lo lógico era que, si me iba a enfrentar a aquel reto, tendría que correr distancias más largas y ejercitar por más horas a mi cuerpo para aguantar durante el lapso de tiempo que necesitaba recorrer los 100 kilómetros.

Comencé a crear un circuito desde la casa de mis padres en Monterrey. Eran cuatro kilómetros, así que tendría que entrenar todos los días de dos a tres horas. En la mañana iba a la universidad, cumplía con mis obligaciones y en la tarde entrenaba. Ese recorrido desde mi casa, por todo el vecindario en el que hacía una vuelta y cruzaba por las calles principales formaba parte de mi actividad diaria, fue un esquema que mantuve por un tiempo. Ya en esos días sentí que se aproximaba un cambio. No me podía quedar allí. Lo sentía en mi corazón. Aquella rutina, mi zona de confort, muy pronto, pasaría a ser parte de mi historia. Sabía que mi vida estaba en otro lugar.

Con esta disciplina arrancó el mes de mayo de ese año. Tarde y noche, corría seis días a la semana guiando mi mente hacia lo que era mi deseo: terminar los 100 kilómetros. Mi objetivo estaba claro y definido. Entrené por casi seis meses. Me preparé y estuve lista para mis primeros 100 kilómetros. Lo hice en 11 horas y 40 minutos. Mi mamá, que me había dejado en la mañana y me recogía en la noche, me decía:

—¡Ay, hija!, ¡qué bárbara! ¿cómo puedes correr tanto?

Se sorprendía, pero al mismo tiempo reconocía que yo tenía esa cualidad especial de programarme, resistir y terminar las carreras. Al final, me esperaba en casa el mejor de los premios, mi plato preferido, un caldo de res. Aquella sopita hecha por mi mamá era gratificante, me aliviaba todos los dolores, me daba paz y alegría a mi alma.

Llegue destruida después de la carrera que me tomó entre 10 y 12 horas, pero tenía mi consuelo al llegar a casa. Debo decir que, en este tipo de carreras tan largas, los amigos y la familia van a saludarte por periodos cortos, te animan, pero no es atractivo para los espectadores ver a los atletas pasar una y otra vez por el circuito. Mi mamá me dejaba temprano y se iba y mi papá me recogía en la noche.

En el camino veía caras familiares, a mis tíos o a los amigos, quienes me habían acompañado en mi proceso de corredora desde que era una niña. Se emocionaban cada vez que me inscribía para competir. Allí estaba mi tía Ceci y mi tío Víctor. Me llevaban chocolates, frutas, agua. Siempre me ofrecían algo, pero lo más importante era su presencia llena de amor y cariño. Era su manera de animarme y darme un empujoncito.

No sentía hambre, pero me daba mucha sed. En este tipo de carreras casi no sientes hambre, uno está tan enfocado en seguir y seguir y le pides tanto a tu cuerpo que te distraes. Hay situaciones en las que te deshidratas y puedes perder entre seis a siete kilogramos en una carrera debido a la pérdida de agua.

A lo largo del circuito había comida. Cuando paraba, comía frutas como sandía y melón, así como carbohidratos para tener el azúcar natural para completar el trayecto. Consumía algún snack, a veces soda. También tomaba agua para recuperar los líquidos que perdía. Ahora es distinto, en este tipo de carreras te ofrecen unas bebidas que tienen todo lo que necesitas.

Después de esta competencia que fue un Domingo del mes de noviembre de 1998, recuerdo que al día siguiente tenía que ir a la universidad. De regreso cuando volví a pasar por el circuito, ahora caminando, me hice una promesa, lo decreté:

—Ya pude con esto. Ahora lo voy a repetir un año más y así estaré lista para todo lo que venga.

El año siguiente en 1999 corrí nuevamente el circuito de las 24 horas en el parque Niños Héroes. Luego, un año después incursioné en una nueva modalidad para completar un maratón. Se trataba de correr 24 horas, pero dentro de una piscina. La misma familia Andonie organizó este evento que consistía en meterte en una piscina olímpica, con traje de baño y zapatos de correr. Utilizas un carril para ir y venir andando lo más rápido que te permitan tus piernas, hasta cumplir las 24 horas, pero no puedes nadar. Nunca lo había hecho y como una de mis cualidades es experimentar y explorar lo desconocido para aprender nuevas herramientas, me aventé a hacerlo.

Una vez terminadas las 24 horas de trote acuático, mi Tío Chuy Corral me fue a recoger y él me tuvo que sacar de la piscina en brazos. Me acostaron en el suelo porque las piernas no me respondían, estaban hinchadas por la presión del agua. Lo más difícil de este tipo de competencias es que el agua es muy pesada y es complicado mantenerte en movimiento.

De nuevo, había escalado otro peldaño en mi carrera de atleta. Sabía que me estaba preparando para algo más grande. Ese año hice otros 100 kilómetros. Era algo que ya conocía y podría volver a lograr. En esa búsqueda constante y durante esa competencia, me enteré de que había un reto más alto: el *Ironman*, la prueba del hombre de hierro.

Una bicicleta de hierro para el Ironman

Cuando pregunté que era un Ironman, me enteré que era la prueba más exigente del triatlón. Se tenía que nadar 3.86 kilómetros, andar en bicicleta 180.25 kilómetros y correr 42.2 kilómetros, es decir un maratón. En conjunto se tenían que lograr las tres metas en un tiempo límite de 17 horas.

El entrenamiento sería de meses e implicaría cubrir largas distancias nadando, corriendo y en bicicleta. Pero no tenía bicicleta. Así que por un tiempo use la de mis amigos. Sufría cuando tenía que pedirles la bici para entrenar. Me daba pena pedir esas cosas prestadas, porque para quienes practican algún deporte como correr, ciclismo o boxeo sus herramientas de entrenamiento son piezas únicas y forman parte de su intimidad. Tenía zapatos y traje de baño, me faltaba la bicicleta.

Hacía mi parte, nadaba tres o cuatro horas al día, corría y cuando podía me subía en una bicicleta de spinning en el Club Primavera. Contaba con la preparación de dos años consecutivos durante los cuales hice competencias bien fuertes, esto me daba seguridad para hacer mi primer *Ironman* en octubre de 2000.

Tenía a mi favor el hecho de que yo no preguntaba detalles ni trataba de compararme con quienes habían estado antes en esta prueba. Me daba la oportunidad de probar, porque de lo contrario tu propia mente comienza a sabotearte. Lo que hice fue leer los reglamentos para saber lo que había que hacer y lo que debía cumplir. Era como lanzarme en paracaídas y vivir la experiencia por primera vez sin dejarme contaminar con lo vivido por otros. Por más que me lo explicaran no sabría de qué se trataba hasta que lo hiciera. La vida me ha enseñado que cada quien tiene su propio proceso según lo que le haya tocado y como se haya preparado. No le preguntaba a nadie. Me enfocaba en lo que tenía que hacer y lo hacía.

Se acercaba la competencia y seguía sin bicicleta. Le comenté a mi tía Ceci la preocupación que tenía. Ella siempre tan cerca de mí. Se apareció un día con una bicicletota. Era usada, pesada y estaba medio chueca, la había encontrado en un mercado rodante, pero para mí era mi bicicleta nueva, la que me permitiría competir en el *Ironman*.

Recuerdo que me dijo:

—Mi´ja, te tengo algo que creo que te va a servir, aunque tal vez tendrás que repararla para que no te vayas a caer.

Cuando la vi, pensé: "Esta me la llevo, ¡claro que sí!, ¡con esta me voy!", y le respondí:

—Gracias, tía, por este regalo, le daré el mejor uso.

Me parece que el dueño original se había caído por lo torcida que estaba. Me imaginaba pedaleando por nueve horas. Seguro me afectaría el cuello y los hombros, pero eso no era lo peor, a la competencia llegaban los atletas con sus bicis ultra modernas y yo, con mi bicicleta dinosaurio. Me daba mucha pena, pero me tragué mi vergüenza y entrené con los recursos que tenía. Mi objetivo estaba muy claro, cumplir la prueba y si esto era lo que tenía, con esta bicicleta lo iba a hacer. Así que logré concluir mi primer *Ironman*.

Todo sale solito, cuando le pones ganas

Es algo que veo cada vez más claro. Cuando tengo un objetivo no lo suelto. Algunas metas cuestan más que otras, pero me aguanto, busco los apoyos. Eso fue lo que pasó en el *Ironman*, mi objetivo era terminar y lo hice en 16 horas. Los expertos lo lograron en 10. Llegué en la madrugada, seis horas después, pero no fui la última, detrás de mí aparecieron otros. En diciembre del 2000, cuando apenas me recuperaba del *Ironman*, me invitaron al maratón de Monterrey. Ocupé el tercer puesto dentro de mi categoría.

Me gustaba lo que hacía, pero entendía que se me acababan las opciones de lo que podía hacer en mi país porque en dos años consecutivos (1998 y 2000) ya había hecho las mismas pruebas de alto rendimiento en Monterrey. Así que de nuevo hablé con los Andonie, quienes ahora me sugerían que saliera de México, que me fuera a Bruselas, Bélgica, donde se preparaban para el campeonato de la Asociación Internacional de Ultramaratonistas (IAU por sus siglas en inglés).

En junio del 2002 estaba lista para correr en Europa. Junto con mi mamá e Yvonne, mi hermana menor, nos fuimos a cruzar por primera vez el Atlántico. Europa era mi sueño nuevo. Era lo que correspondía y lo que añoraba. Sentía que era la horma de mi zapato, se habría un nuevo camino hacia los ultra maratones.

En Torhout, Bélgica, un lugar mágico localizado a 22 kilómetros de Brujas en uno de los lugares más hermosos del mundo. Entre castillos medievales, lagos y puentes, tal como imaginaba que serían los lugares de los cuentos de princesas que escuchaba en mi infancia, corrí, nuevamente, 100 kilómetros en 11 horas y media. Recorrer tal distancia como parte de la organización IAU me enseñó la importancia de competir a nivel internacional. Allí pude medirme con atletas de todo el mundo. Justo lo que quería, conocer y explorar más acerca de los escenarios que existían y que apenas estaba descubriendo.

Este viaje divertido fue el inicio de todo. Era demasiado joven para aceptar que podía controlar el dolor, la fatiga, tener altos niveles de concentración y desarrollar la fuerza para no detenerme, descubrir mi capacidad en este nuevo mundo fue el impulso que necesitaba y que aún hoy, me motiva. Había comenzado a vivir nuevas experiencias que me impulsaban a aspirar y querer más. La vida empezaba a hacerse más sencilla, entendía que la experiencia ganada abría nuevas puertas.

Estaba becada en la universidad, era muy buena estudiante, así que, un día, el rector se acercó a conocer a los mejores estudiantes de la Universidad. Durante nuestra conversación me dijo:

—Edna, ¿qué haces, además de ser buena estudiante?

Sonreí y creo que hasta roja me puse, entonces le conté:

—Soy ultramaratonista.

Y sin dejarlo que me hiciera más preguntas, le conté que mi próximo compromiso sería en Taiwán.

Me di cuenta que cuando haces las cosas que te gustan y le pones todo el esfuerzo y corazón, las cosas salen solitas, aparecen los ángeles listos para abrir puertas y a ayudarte a entrar. Creo firmemente que las oportunidades aparecen cuando la preparación y el trabajo arduo se juntan como por arte de magia, esa es la fórmula que multiplica las bendiciones.

Terminaba mi semestre en psicología social cuando me entero que hay un programa de intercambio de estudiantes en el área de psicología conductual para estudiar en Sevilla, España. Era una de las materias que más me gustaban. Aquellos estudios me servían para entender e intentar resolver mis propios conflictos. Entregué todos mis papeles, mis calificaciones y los requisitos que me pedían. Me aceptaron y con el apoyo de mi familia, me fui. En febrero del 2003 ya estaba en Sevilla sola y contenta de estar en un espacio nuevo, totalmente diferente al mío, con la emoción de pertenecer a un sistema educativo abierto, con miles de posibilidades lo que contribuía a mi gran deseo de aprender más.

España, un nuevo campo de batalla
donde los límites los ponía yo

Estaba en una ciudad hermosa, Sevilla, mi nuevo hogar era un lugar que en primavera me ofrecía una dulce frescura con su gente, sus árboles y flores. Caminaba por sus calles y parecía que estaba soñando. Extrañaba mi familia, pero estaba tan ocupada con las clases y corriendo cuando se podía que las horas se me escapaban. Estudiar era uno de los objetivos, pero correr era lo que me apasionaba.

Por esos días descubrí que en Madrid se correría el trayecto de las Millas Romanas, una travesía que se hace de noche y consiste en recorrer los mismos 100 kilómetros que caminaron los antiguos romanos desde Madrid hasta Mérida. Me inscribí, aunque para ello tuve que reducir hasta los gastos en comida.

Durante el camino compartes con personas de todo el mundo, allí conocí a un argentino que me habló de su experiencia en el Camino de Santiago de Compostela, él se estaba preparando para hacerlo. Así, conviviendo con uno y con otro durante diez horas, llegué al final. Todavía estaba oscuro y aunque no me interesaban mis tiempos, sino llegar, me di cuenta de que estuve sola por un buen rato. Esto podía significar dos cosas: que todo el mundo me había pasado y dejado atrás, o que había llegado primero que los otros. En efecto, había ganado.

Fue una experiencia bellísima porque me tocó compartir el camino y dormir en un lugar muy sencillo, una especie de centro comunitario, junto a personas que no conocía, almas con quienes comulgas, porque al igual que tú, corren, sueñan, creen en lo ilimitado de sus posibilidades. Son bohemios, deportistas, solitarios, gente maravillosa regada por el mundo con el único propósito de aprender, superarse y romper las barreras de lo imposible.

Al regresar a Sevilla, algunos se enteraron de mi triunfo y Eugenio, uno de los profesores de la universidad, me invitó a inscribirme en sus clases de psicología deportiva. No sabía lo que era crear una estrategia para lograr un propósito. Tener un plan para correr y cumplir con los objetivos. En la clase de Eugenio lo aprendería, pero lo más importante que me enseñó fue a manejar el triunfo y la derrota.

Nuevos aprendizajes: nunca pierdes, aprendes y creces

En mi clase de Psicología deportiva, Eugenio, mi profesor, me enseñó que cuando manejas la idea de que "nunca pierdes" sino que creces, siempre hay un avance, un triunfo, un nuevo conocimiento, esto te hace fuerte. Saber que mi único oponente era yo misma hacía que no me importaran los tiempos ni las marcas de los demás. Nunca lo pregunto, pero si a mí me preguntan cuánto hice, cuántas carreras he ganado, cuántos premios, etc. Eso no me importaba, respondía con humildad, pero al ver su reacción, valoraba más lo que estaba haciendo, mas sin cambiar mi actitud.

Con mi nuevo profesor aprendí lo que se conoce como diseño de campo. Es como preparar un campo de batalla, donde no peleas con nadie más que contigo. Y como te enfrentas a variables externas, es decir, a los cambios, tienes que moverte según vayan ocurriendo. Al igual que en la vida, las transformaciones suceden constantemente, porque si no fuera así te estancarías. Cuando me encuentro con personas que están empeñadas en sufrir, se los digo:

—Es tiempo de que cambies. La vida te lo está indicando. Cambia y verás cómo se pasa el sufrimiento.

Así que en esta clase tracé mi campo de batalla. En medio de la adversidad conocí mis habilidades y mis fortalezas. Aprendí lo que debo hacer cuando estoy cansada, fatigada, cuando me duelen las ampollas, cuando estoy rosada por el esfuerzo, cuando me deshidrato y no quiero correr más y me falta una hora para llegar a la meta. Aprendí lo que debo hacer en el momento en que me pierdo corriendo y debo acelerar para mantener el ritmo. En esos momentos le recuerdo a mi cerebro que tenemos un plan, un compromiso.

Lo enfrento y le digo:

—Sé que va a doler, que nos cansaremos, pero tenemos que cumplir la promesa que nos hicimos. Nos quedan seis horas, cuatro o sesenta minutos.

Lo ánimo:

—Oye, después tendremos tiempo para comer, descansar, dormir, pero por ahora tenemos que seguir.

En mi experiencia, considero que uno debe dirigir la mente y no escuchar el cuerpo, porque es quejumbroso. Empieza a pedirte y a rogarte que descanses, que te pares. Tus ojos te muestran la herida y la ampolla. Yo lo ignoro y sigo hablándole a mi cerebro. Es impresionante lo que uno puede hacer manejando la voluntad.

Yo, cuando corro, tengo que estar presente: ver el camino, los palos, las piedras el terreno que por lo general es complicado. He aprendido a manejar las bajadas, porque es allí donde me disparo y corro más rápido. Pero tengo que mirar siempre hacia abajo, pisar firme, dirigir las pisadas para evitar caerme. Me he resbalado, me he caído y me he roto. En esos casos, me levanto y sigo, le dices al cuerpo que todo va a salir bien. Estoy bien presente. Vivo el instante, aunque hay momentos en que el cansancio te hace divagar. Te distraes y entonces aparecen los pequeños monstruos del pasado o el temor al futuro queriendo atraer tu atención. Pero los espantas. Vuelves al árbol, al camino, a la flor, a la mariposa que se atraviesa y te recuerda que lo que estás haciendo es lo que más amas, correr. Vives cada segundo, cada momento de la travesía como si fuera el último, porque lo más valioso en la vida es el tiempo. Cada paso que se da no se vuelve a vivir. Cada terreno es único e irrepetible.

Las peores horas son entre las dos y tres de la mañana que es cuando mi cuerpo, por costumbre, está profundamente dormido, muerto. Pero si estoy corriendo, tengo que recordarle que es sólo por esta vez. A veces voy como en automático. Me estoy durmiendo y quiero que amanezca. Ver la luz del día mientras sigo peleando con la vocecita loca que soy yo misma y me dice:

—Ya me quiero dormir. Ya tírate al suelo. Acuéstate ni modo. Ya no, ya para de sufrir y descansa, mujer, ¡párate!

Me dice, me atormenta, pero como me conozco y sé que todo el cansancio, la fatiga y el dolor van a pasar apenas amanezca. Amanece y, como un milagro o más bien por cuestiones de la química cerebral, resucito y al ver la luz, recobro fuerzas. Una vez más, me doy cuenta de que he superado la adversidad. Entender esto ha sido una tarea muy difícil. Saber que eres más grande y fuerte de lo que te han hecho creer.

La sociedad, o la familia nos limitan. Nos hacen pensar que las cosas fuera de lo ordinario significan riesgo y nos condicionan a vivir limitados. El cerebro aprende que es incapaz o capaz, dependiendo de cómo lo programes. En mi caso, muchas veces escuché:

—Eres bien bajita. Eres muy frágil. No vas a poder hacer esto o aquello. Se te dañarán las piernas y las rodillas. Se te saldrán los hijos.

Qué ideas tan radicales escuché acerca de lo que se debe y lo que se puede. Por fortuna, nunca las compré ni las puse en mi bolso. Por eso no me comparo con nadie. Experimento y le digo a mi cuerpo lo que vamos a lograr. A veces sonriendo, otras con dolor, pero hago lo que tengo que hacer. Así me voy descubriendo, construyendo la vida que quiero en este campo de batalla en donde yo soy el general y, por tanto, soy yo la que manda. Así he ido rompiendo las limitaciones y creando mi propio manual. Son esquemas y valores diferentes. No cuestiono a nadie y prefiero que no lo hagan conmigo. Estoy abierta a compartir mis experiencias, mis aventuras, el deseo, el amor y la pasión por esta vida de corredora porque me hace feliz. Cada quien tiene sus fortalezas, lo importante es descubrirlas y dejarlas florecer.

México lindo y querido, te me hiciste pequeño

Regresando de Sevilla en agosto de 2003, después de un año de vivir sola, estaba llena de energía. Había estado fuera de mi país, visto un nuevo mundo. Ello me daba mucha seguridad para seguir creciendo y entender que ya no viviría más en México. Era otra persona, me sentía diferente, aprendí que lejos de mi tierra, ese lugar tan familiar que tanto amaba, había miles de cosas por descubrir.

Tuve nuevos amigos, una familia distinta con la que aprendí costumbres e ideas diferentes. Me di cuenta que en mi México lindo y querido todo me quedaba apretado. No quería seguir viviendo dentro de la misma estructura social en la que crecí. Si me quedaba allí tendría que continuar el estilo de todas las familias mexicanas. No es que fuera malo. Sólo que existían otras posibilidades que empezaban a surgir gracias a mis estudios y a mis viajes con el deporte.

Entendí que no existían límites ni nada que me detuviera en mi afán de seguir buscando y explorando nuevos caminos. Pero tenía que terminar mi carrera en relaciones humanas y graduarme. Me quedaban algunas materias para concluirla en otoño del 2004 y presentar mi tesis al siguiente año. Me lo propuse como todas mis tareas anteriores y escogí el proyecto para mi investigación.

En España había concentrado mis estudios en psicología social y conductual, así que me fui por ese campo. Mi tesis sería acerca de las enfermeras del Hospital San Vicente porque me enteré que tenían un alto nivel de rotación y no permanecían por mucho tiempo en el hospital. La conclusión de la investigación para mi tesis de grado fue que no existía el respaldo necesario ni el apoyo adecuado para que las mujeres pudieran trabajar y ser madres al mismo tiempo. Ellas solas tenían que buscar la manera de trabajar y cumplir las tareas en el hogar para sacar a los hijos adelante.

Esta investigación, requisito para graduarme, me creó un enorme conflicto entre lo que yo aspiraba para mi futuro y lo que mi familia quería para mí. Había visto como estas mujeres enfermeras sacrificaban sus carreras y sus aspiraciones como profesionales para cumplir con la tarea que les exigía la sociedad, ser madres y punto.

Tenía 23 años cuando me gradué y ya escuchaba los comentarios en las reuniones familiares:

—¿Ednita, tiene novio? ¿Cuándo va dejar la corredera?

Se va a lastimar sus rodillas, tan joven y haciendo esas locuras. ¿Se irá a casar? ¿Tendrá hijos? Escuchaba a lo lejos las conversaciones de mi familia y amigos. Todos esos planes que la familia le hace a uno y que a mí, nunca me habían interesado. Mucho menos ahora. Cuestionaba la maternidad, mi futuro, todo aquello me atormentaba y me decía:

—¡Ay no! ¡Yo no quiero eso!

Pero venía de una estructura social muy conservadora en donde la mujer se casaba y si salía embarazada, se convertía en mamá y ama de casa. Ese era el esquema que me esperaba y que yo rechazaba y luchaba por evitar. No es obligatorio seguir el patrón de mis padres y abuelos, pero esos cambios no son nada fáciles. Ocurren en medio de conflictos y contradicciones entre lo que se debe y lo que se quiere hacer, entre lo que viste en tu casa y lo que aprendiste fuera de ella. Respeto a quienes siguen las tradiciones y sueñan con la boda, el anillo, la cuna y el biberón, pero yo no comulgo con todas estas imposiciones de la sociedad. No me gustaban, no las quería para mí, no me quería casar, ni seguir las tradiciones de mi familia.

Me ilusionaba pensar que tal vez conocería a alguien como yo, que me entendería; pero como desde mi adolescencia no tuve el interés de enfrentar el camino amoroso y todo lo que envolvía el tema, me concentraba en lo que me daba satisfacción y alegría: mis estudios, el deporte y ahora, mi nuevo escape, viajar, descubrir y experimentar cosas diferentes.

La tesis me brindó otras herramientas. Ahora, por lo menos en teoría, podía apoyar y justificar mi punto de vista, entender la complejidad que significa tener pareja, casarse, ser mamá y seguir el rol que tradicionalmente se le imponía a la mujer. Ese año, mientras entregaba la tesis, corrí otro maratón en Taipéi, Taiwán.

En China me fue bien: 100 kilómetros en 11:30 horas. Allí compartí con atletas del mundo entero, me topé con muchos hombres, pero me parecían mayores. Tenían más de 30 años y los veía como señores. Jamás había estado con un hombre de mi edad. Ni siquiera un beso me habían dado. Aquellos hombres no eran para mí. Ya empezaba a pensar que en algún lugar aparecería alguien con los mismos intereses que yo, alguien que pudiera entender que correr era mi vida y que no lo pensaba dejar de hacer.

Al salir de mi país en busca de cosas nuevas entré en contacto con situaciones muy difíciles como fue el síndrome respiratorio (SRAG) también conocido por sus siglas en inglés como SARS (*Severe Acute Respiratory Syndrome*). Una enfermedad parecida a la neumonía. Esta enfermedad que afectaba los pulmones, apareció por primera vez en noviembre del 2002. Fue una epidemia mortal. La peor que se había vivido en China en los últimos 45 años. Puso al mundo en alerta. Murieron cerca de 350 personas y afectó a más de 5,000 personas. En esos días prohibieron viajar hacia la zona y quienes lo hacían, como en el caso de los deportistas, tenían que mostrar sus radiografías al entrar y salir de aquel país. Yo viví toda esa triste experiencia que tuvo consecuencias serias en la comunidad china. Y en el mundo entero.

Desierto de Gobi, China, 2015

Cuando tomas decisiones, serán tuyos los aplausos... y también las críticas y el dolor

Ni niños ni boda: ¡a trabajar se ha dicho!

Terminé esa carrera y de nuevo, sabía que apenas me graduara empezarían los dilemas. El conflicto con mi familia se resumió en unas cuantas oraciones:

—¿Ya te graduaste? Y ahora, ¿qué vas a hacer? ¿Cuándo te vas a casar? ¿Por qué no tienes novio?

Eso me fastidiaba, Me hacía querer salir corriendo para no seguir escuchando la misma cantaleta:

—Si corres se te van a salir los hijos. Deja de correr.

Me decía la familia. Entonces tenía 24 años. Hoy 13 años después, aún no tengo claro si quiero o si voy a tener hijos. La vida es un proceso de cambios lleno de altibajos, situación a la que me he ido adaptando. Y lo he disfrutado. Eso es lo que para mí tiene sentido ahora: seguir uniendo caminos para trascender. Después de todo, sabemos que el pasado es historia, el futuro es incierto y el presente es lo único, real y valioso.

Empecé a ejercer en una compañía de tecnología que se llamaba Dextra Technologies. Me había preparado en el ámbito de los recursos humanos y conocía el lenguaje de programación. Mi trabajo consistía en reclutar ingenieros mexicanos para empresas en Estados Unidos y Europa. Era un trabajo muy importante porque estábamos en medio del boom tecnológico. Allí había jóvenes atractivos, pero medio nerds. Vivían metidos en sus computadoras. No me interesaban. Aunque vivía en un mundo poblado mayoritariamente por hombres, no salí con ninguno.

Estuve unos meses allí, pero la inquietud no me dejaba en paz. Soñaba con salir de México a hacer lo que fuera, tal vez una maestría. Vivir con mis padres me obligaba a acatar normas. Yo no era una muchacha mexicana tradicional. Mi plan seguía siendo irme a recorrer el mundo apenas pudiera. Aunque no sabía ni cómo lo haría ni en dónde terminaría. Por fortuna, en esos días, mi papá decidió que se iba a Estados Unidos a buscar trabajo de mecánico. A eso se dedicaba mi papá en Monterrey. Ahora necesitaba mejorar sus ingresos para ayudar a mi hermana menor que quería estudiar medicina. Allí vi la oportunidad de salir. Por supuesto, la respuesta fue que no. Aquello no era para mí, pero insistí tanto, que terminé acompañando a mi papá.

En Chicago llegaríamos a casa de unos amigos de mi papá cuando era soltero que vivían en Cícero. Al tiempo, contacté a unas primas de mi mamá y les pedí vivir con ellas. El barrio donde vivía no era seguro. Lamentablemente, mis primas se estaban mudando a Texas. Como yo no conocía a nadie, me presentaron a unas señoras que me ayudaron a buscar trabajo. De esa manera terminé contratada en una empresa horrible donde organizaba las rutas de distribución de panfletos publicitarios. Fue por pura necesidad que trabajé ahí, pero sabía que no me quedaría por mucho tiempo.

La vida está llena de misterios. Tomas decisiones, vives situaciones complicadas que te golpean, pero así aprendes.

Resultó que el manager, un hombre muy guapo, empezó a mirarme más fija e intensamente de lo normal. Primero entre ellas, después directamente conmigo, las compañeras de trabajo lo comentaban.

—Mira, Edna, parece que le gustas al jefe.

Mis sospechas se concretaron cuando un día me mandó decir que si quería almorzar con él. El hombre era guapísimo. Me encantaba. Por primera vez empezaba a sentir mariposas en la barriga. Pensaba en él todo el tiempo y entendí la razón por la que las chicas, se volvían locas cuando les gustaba algún chico. Perdí la cabeza y a mi familia por "amor".

Era septiembre y llovía en Chicago. Aquel día, una vez más, las compañeras mexicanas, que por cierto eran bien distintas a mí, seguían animándome para que saliera con el manager. Me decían:

—Amiga, el hombre está fascinado contigo. ¡Inténtalo! ¡Sal con él, aunque sea una vez!

Como estaba aburridísima, organizando correos de basura *(junk mail)* para todo el país, le dije que sí. Después de todo, experimentar ha sido siempre una de mis premisas.

Hago memoria y recuerdo que me sentía muy sola. Trabajando como una oprimida, sin mi mamá ni mis hermanas, sin mi cama ni mi casa y sin correr, cuando apareció tan bello hombre queriendo compartir algo conmigo, le dije que me fuera a buscar en la casa donde mi papá y yo vivíamos. Yo rezaba:

—¡Dios mío, protégeme! No me dejes caer en tentación y líbrame de todo mal, amén.

Y creo que Dios me lo mandó para endulzar lo amargo

de aquellos días. Aunque, eso sí, desde el principio le dejé claro a él, y a todos los cupidos que me flecharon, que yo me iba muy pronto de ahí. Me quedaría sólo un mes.

Mi primera cita con el jefe fue en un restaurantito de hamburguesas. Yo casi no hablaba inglés y él medio masticaba el español. Era descendiente de italianos. Por fortuna no hizo falta hablar mucho. La escasez de palabras fue sustituida por risitas, ojitos y la energía de cariño que empezaba a florecer. Seguimos saliendo. Confieso que no tenía apuro en regresar a México, pero mi papá insistía con que me fuera. Él no podía cuidarme. Era peligroso. Y yo, no bueno, enredadísima con el jefe.

Llegó enero y me fui a Monterrey. Para distraer la tristeza de haber dejado al novio en Chicago, me volví a ocupar en Dextra. Mi mamá me animaba a que continuara con la maestría en Monterrey. Mientras tanto, yo trataba de manejar este huracán de sentimientos y sensaciones nuevas que me hacían perder el control. Mi cuerpo estaba en México, pero mi corazón y mi cabeza seguían en Chicago. Me quedé enganchada a éste, mi primer amor, a quien apenas conocía. Manteníamos una relación a distancia sostenida con llamadas y correos electrónicos en donde no faltaban las promesas de él en su español mocho, mías con mi inglés chueco. No estaba preparada para esta locura. Me asfixiaba y ni siquiera lo podía compartir con mi mamá porque iba contra los principios que me había inculcado.

En junio se apareció el jefe para conocer a mi familia. La cosa se puso seria, pero para mi familia, este hombre blanco, seco, duro y de pocas palabras no era el indicado. Inmediatamente lo vieron con desconfianza y comenzaron a llamarlo "el italiano ese". Él, por su parte, siguió insistiendo. Me ofreció un apartamento en el que viviríamos los dos. En ese momento no se habló ni de anillo ni de boda. Tenía 25 años y era libre de hacer lo que quisiera. Pero irme así, sin el velo y la corona era algo inaceptable para mi familia. Seguí en Monterrey guardando mi decisión en secreto; me organizaría y cuando estuviera lista, me uniría a él sin condiciones.

Volví a Chicago para la boda de su hermana. Me quedé con él y conocí a sus padres. Eran italianos de esos súper tradicionales. De los que van a misa y se reúnen los domingos a comer en una gran mesa. Me gustaban porque, en cierta forma, sus modos se parecían a lo que yo había vivido en México. Pero me veían raro. Yo era de piel morena. Ellos, blancos como la leche. Yo, taco y ellos, espaguetis. Me sentía muy insegura, frágil e indefensa, pero aunque aquellas situaciones me atormentaban, le dije sí cuando me pidió que me quedara con él. No me importó no tener la bendición del cura ni tampoco la de mi madre.

Mi mamá lloró y lloró. Se puso tristísima. Y yo también. Mi madre me regañó, se molestó conmigo, me llamó inconsciente:

—¿Qué más vas hacer? ¿Te vas a ir?, —preguntaba angustiada.

—Sólo te digo que aquí estaré, pero, a partir de ahora, tú serás la responsable de todo lo que te pase.

Aquella era como una sentencia de muerte. Salí de mi casa desconsolada y bañada en lágrimas sintiéndome culpable, triste, sola y sin apoyo. Mi único consuelo y motivación era que, en Chicago, me esperaba una vida nueva en la que, seguramente, contaría con el hombre que me había convertido en mujer y quien me arrancó, sin anestesia, de mi hogar y mi familia.

Mi mamá no me volvió a hablar.

No fue la boda de mis sueños, pero me casé

Yo, la chica que jamás pensaba en novios, anillos ni bodas ahora me emocionaba ante la idea de casarme. Quería darle ese regalo a mi mamá y a mi familia. No quería que pensaran que era una mujer desalmada que se había marchado sin respetar los valores que le habían enseñado. Yo tenía principios, era una muchacha íntegra y apenas pudimos, nos casamos. Fuimos a la corte y allí, frente al Juez, con un par de testigos, asumimos el compromiso de amarnos.

No tenía amigos, mi familia estaba lejos y la de él, creo que ni se enteró. Eran raros. Así fue como me convertí en la esposa del jefe, el hombre que me enseñó lo bonito, lo feo y lo doloroso de estar enamorada.

Al mes siguiente, a pesar de su oposición, volví a trabajar en la compañía de correo basura. Esta vez llevaba la contabilidad. Permanecí allí ocho meses.

Hacía rato había pasado la luna de miel. Empecé a notar que aquel hombre con el que dormía era un total extraño. Ni él sabía de mí ni yo de él. El jefe era serio y trabajaba todo el tiempo. Llegaba a casa y se sentaba como un zombi a ver televisión. Nuestras grandes salidas consistían en ir a misa y visitar a sus padres. Aquellos días que se repetían uno tras otro comenzaban a asfixiarme.

Como no tenía amigos, intenté relacionarme en la iglesia, pero él dejó de ir y le molestaba que yo fuera sola. Empecé a correr y me regañaba porque me desaparecía hasta por cuatro horas. Tanto le molestaba que me obligó a que disminuyera mis salidas. Apenas podía correr por media hora. Yo le rogaba que se comprara una bicicleta y me acompañara. Pero no, él estaba en otro canal. Me daba cuenta que, para él, yo no tenía derecho a preguntar ni a cuestionar nada, mucho menos intentar hacer cosas que me alegraran como, por ejemplo, salir a correr.

Pasaban los días y la distancia se agrandaba. Para salvar mi matrimonio, lo convencí de que compráramos una casa y nos mudáramos a un lugar con más espacio. Mientras buscábamos, nos mudamos con sus padres.

Fueron tiempos de gran soledad. Estaba lejos de mi familia, quienes seguían sin hablarme. Yo les había traicionado. Vivía en pecado. A veces, conversaba con mi hermana la menor, con mi abuelita y con mi tía la psiquiatra. Pero aquellos encuentros sólo servían para recordarme que lo que estaba viviendo era mi culpa por cabezona. Las palabras de despedida de mi mamá de un año atrás me atormentaban:

—De ahora en adelante, eres responsable. ¡Asume las consecuencias de tus decisiones!

Quería hacerlo. Quería correr sin parar. Largarme. Pero no tenía fuerzas. La tristeza y la depresión me consumían. No sabía dónde encontrar a aquella mujer valiente que unos años atrás se quería comer el mundo y que ahora estaba perdida.

Sin apoyo de nadie y a lado de un desconocido, me convertí en una mujer llena de miedos, sin voluntad, incapaz de reaccionar ni romper con el control de un hombre raro para quien yo era un estorbo.

La nueva casa, el comienzo del fin

Nos mudamos a la nueva casa yo estaba llena de ilusiones. Pensaba que, al estar solos, podríamos reencontrarnos y salvar la relación. Le hablaba de proyectos, de hacer cosas juntos, pero a él no le interesaba. Lo convencí de viajar a Barcelona donde vivía mi hermana menor. Y nada, mi antiguo jefe, ahora mi marido, vivía conectado a la computadora y cuando yo intentaba llamar, me gritaba y me insultaba. La distancia entre los dos, era cada día más grande, como dice la canción.

Sabía que tenía que hacer algo. Empecé a buscar trabajo con la excusa de que lo ayudaría con los gastos de la nueva casa. Con mis estudios y mi experiencia encontré una posición en la industria de los alimentos. Trabajaba duro toda la semana. Los sábados y domingos me iba a correr. Salir de la casa y compartir tiempo con otras personas me hizo mucho bien. Eso me llenó de valor. Y me inscribí en una carrera de 50 millas que se llevaría a cabo frente al lago Michigan en noviembre del 2007: la carrera Chicago Lakefront 50/50.

Allí encontré nuevos amigos. Amigos que conservo hasta el día de hoy. Uno de ellos era mi querido Paul Pelke, veterano americano de más de 60 años con quien solía correr y quien me consolaba cuando me veía llorar. Con los años, reiríamos recordando esta mala experiencia. Este amigo fue un gran apoyo. Él me abrió el camino para retomar la vida del ultramaratón. Gracias a él, me enteraba de las competencias y eventos y fue así que entré al mundo de las carreras y encontré el apoyo y la seguridad que necesitaba. Paul me dio su bendición y su fuerza para regresar a la ultra maratón. Esa era la bocanada de oxígeno que necesitaba mi vida.

Mi marido se oponía. Peleaba y gritaba como era su costumbre. Después se fastidió y me dejó tranquila. Necesitaba tiempo para dedicarle a sus "nuevos compromisos". Me dejaba temprano en las competencias y me recogía en la noche. Creo que por primera vez empezó a conocer a la extraña con la que se había casado que ahora se le escapaba en una carrera.

Yo comenzaba a recuperarme y a pesar de su mal humor, seguía haciendo lo que me parecía. Toda mi energía se la dediqué al trabajo. Así trataba de disipar el dolor. A veces, llegaba hinchada de tanto llorar, pero luego me concentraba en lo que había que hacer. Aprendía rápidamente y, además de dinero, me gané el respeto de mis jefes, quienes empezaron a interesarse por mi bienestar. Veían todo el potencial que tenía, la fuerza y las ganas que le ponía a los proyectos, trabajaba tan duro que la compañía me otorgó una beca para comenzar mis estudios de posgrado en la Universidad Robert Morris.

Una noche, mientras esperaba a mi marido en casa, le pregunté:

—¿Dime qué escondes?

Algo ocultaba, aunque me lo negara. Además de llegar cada vez más tarde a casa, los fines de semana se desaparecía. Yo sospechaba que había otra mujer.

No sé de dónde me salieron fuerzas, pero lo confronté.

—Mira, si estás con alguien, te agradecería que no duermas más en mi cama —le dije.

Para mi sorpresa y dolor, me hizo caso. Se paró y se fue al otro cuarto. No era lo suficientemente fuerte para manejarse entre dos aguas, seguir mintiendo y disimulando. Desde ese día, nunca más dormimos juntos. Allí empecé a entender que, aunque lo amaba, no podría vivir el resto de mis días con la incertidumbre de tener un marido infiel. Alguien que, al preguntarle si me quería, tenía el valor de decirme que no. Con el corazón destrozado, supe que ya no había vuelta atrás. Si no me amaba ya no tenía caso seguir allí. Salí disparada a la calle. Corrí y corrí. Lloré como una loca. Tanto que cuando regresé me sentía agotada. Me dolía el cuerpo y el alma, pero estaba clara en tenía que terminar esta carrera de dolor y acabar con aquel tormento en donde nadie ganaría.

Mi nuevo jefe, el de la compañía de alimentos, se había convertido en mi amigo. Él sabía lo que estaba viviendo y cuando le hablé de mi decisión, me consiguió un abogado y me aconsejó que me quedara en la casa y que por ningún motivo durmiera fuera de ella. Era mi esposo el que había fallado, así que sería él quien tendría que salir de allí.

Llegué a casa llena de fuerza y le comenté mi decisión. Al principio se quedó mudo, pero aceptó lo inevitable. Creo que hasta se sintió aliviado. La carga de atender a dos mujeres no era fácil y de aquel amor bonito, creo que no quedaba ni el recuerdo. Yo sí, yo lo seguía queriendo. Me dolía que yo ya no le importara.

Tenía la sensación de haber fracasado. Y lo que más me daba rabia, era el dolor que le había causado a mi mamá y a mi familia, quienes se habían sentido traicionados. Superar este dolor ha sido uno de los procesos más duros que me han tocado vivir, por eso, al compartirlo por primera vez a través de estas líneas, hago catarsis. Me perdono. Pido perdón. Perdono a quienes me hicieron daño. Los libero y me libro de toda culpa porque sé que Dios me regaló esta escuela de dolor para prepararme y darme la fortaleza para enfrentar todo lo que vendría después.

La última vez que vi al hombre que ya no sería mi marido me abrazó y se despidió con un beso en la frente.

Me dijo:

—Vas a ser una mujer muy exitosa.
—Sí, lo seré —le respondí.

La caída y la recuperación

Recordar aquellos días todavía hoy me generan angustia. Sé que ya pasó. Pero sacar al sol esos recuerdos nuevamente para ponerlos en la mesa y examinarlos de cerca escudriñándolos para ver qué me queda, me produce un sabor amargo. Como si me volviera a comer esa comida podrida que me hizo daño e insistiera en probarla una vez más.

En el proceso hacia mi sanación, me apoyé de algunos recursos. Además de mi trabajo, en donde pasaba más de diez horas al día, hice una solicitud y me aceptaron para una maestría de negocios o MBA. Transcurría septiembre y en medio del dolor de mi ruptura afectiva, comencé mi postgrado de noche en la Universidad Robert Morris de Chicago. Eso me mantenía ocupada. Trabajaba, estudiaba y corría.

Mi tía, la psiquiatra, fue un gran apoyo dentro de mi familia. Ella me recordaba que la transición no sería fácil, que iba a doler, y dolía. Me decía que mientras más ocupada estuviera sería mejor. Tenía que canalizar mi energía para que el dolor y la rabia no me hicieran más daño y me enfermaran.

Mi gran temor era estar sola. Mi familia, como ya lo dije, seguía en México. Y aunque mi papá estaba en Chicago, yo vivía en los suburbios en una zona bastante retirada en donde la mayoría eran familias anglosajonas. Pensaba que no iba a conocer a nadie. ¿Cómo iba a conocerlos si estaba encerrada? Y ahora, con nuevos miedos e inseguridades. Yo era inmigrante y, aunque en Illinois hay miles de compatriotas, yo no salía. Mi tiempo estaba lleno de trabajo y más trabajo. Desconfiaba hasta de mis compañeros de la oficina; sentía que la gente no me decía la verdad. Incluso, llegué a decirle a mi vecina que estuviera pendiente y me avisara si veía algo raro. Pensaba que podían entrar y robar mi casa. Me estaba volviendo paranoica.

En los momentos de enojo quería maltratarme por mis equivocaciones. Corría por horas hasta quedar exhausta. Así aprendí a sustituir el dolor del alma con el dolor del cuerpo.

Como comenté, parte de mi recuperación era justamente mantenerme ocupada. Paul, mi amigo, a quien había conocido en una de mis carreras, se convirtió en un papá sustituto; me veía llorar y me abrazaba. Yo quería hablar, pero las palabras se me atoraban en la garganta. Me aislaba y lloraba. Comencé a abrirme con él, cosa que me hacía mucho bien. Mientras tanto, él me animaba a que experimentara correr en otras superficies, que me fuera al bosque. Fue por medio de él que me enteré que existían carreras mucho más largas y competitivas. Descubrí nuevos espacios para desarrollarme corriendo y comencé a crear una nueva familia en el mundo de los corredores.

Juan Juárez, otro atleta mexicano, también fue uno de mis grandes aliados al permitirme ser parte de su familia. Iba a su casa y a sus fiestas. Eso me brindaba un sentido de pertenencia. Mientras tanto en México, mi propia familia empezaba a hacerse la idea de que no volvería a tener pareja ni casarme, mucho menos a tener hijos. Por fortuna en esos días contaba con mi sobrina Rebeca, la hija de mi hermana mayor. En ese momento dije:

—¡Listo! Seré la tía solterona que consienta a sus sobrinos. Tenía clarísimo que no era buena para eso de los amores. Nunca lo había sido y después de este fracaso, lo último que quería era meterme en ese cuadrilátero. No lo hice. Buscar consuelo en otro amor no me interesaba. Estaba aprendiendo a llenar mis vacíos de mí misma. Con el tiempo me sentí mejor. Mi recuperación parecía satisfactoria. La herida estaba cicatrizando.

Me divorcié en el 2010 y ya para el 2012, después de dos años de llorar, me pasó algo maravilloso, aprendí a vivir sola. Me volví creativa y muy productiva. Trabajaba durísimo, estudiaba y corría. En mi casa era el mecánico del auto, la plomera y carpintera que reparaba los techos y la calefacción en invierno. Todo lo resolvía yo. Estaba descubriendo a Edna y me gustaba. Empecé a sentirme en paz conmigo misma.

En marzo de ese año volví a correr 50 kilómetros cerca del lago Michigan. Lo hice en 5 horas y 48 minutos. Seguí entrenando y en mayo completé otros 80 kilómetros más. Para junio, me llené de valor y pude recorrer 160 kilómetros. Había sanado. Estaba tan bien que en menos de tres meses hubiera sido capaz de recorrer un total de 290 kilómetros. Sin pensarlo estaba creando mi propio récord de largas distancias. Ello me serviría para cumplir con uno de los requisitos que me exigían para mi primer ultramaratón que sería el siguiente año, en Chile.

Estas carreras en esos últimos tres meses me enseñaron que jamás negociaría lo que más amo. Nunca, pero nunca volvería a dejar mi pasión. ¡Por nada ni por nadie!

Desierto de Gobi, región Mongolia, 2015

Todo se pasa. El tiempo todo lo cambia. En sudor y lágrimas, ahogué mi dolor

Correr, la medicina natural que me curó

El hecho de no tener familia ni contar con mucha gente hizo que me refugiara en mí misma. Cada vez que sentía dolor y lloraba, corría. Era como Forrest Gump, el de la película, a quien, al no encontrar respuesta de su amor imposible, le dio por correr y correr por varios años. Hasta que sanó la herida. A mí me pasó igual. Estudiaba, trabajaba y corría. Correr me sirvió para que aprendiera a concentrarme, meditar y con eso, a controlar el dolor y la fatiga.

Si en el 2005 la máxima distancia que había logrado eran los 100 kilómetros, ahora en el 2012 pude llegar a los 290. Estaba descubriendo algo nuevo que me fascinaba: mis capacidades físicas y mentales.

La gente me decía que no le parecía normal ni sano que tuviera que matarme para medir mis habilidades. Yo creo que todos los seres humanos tenemos más fuerza interna que va más allá de la que demostramos. Sólo que no nos damos la oportunidad de descubrirla. Para mí, encontrar esta fortaleza derivó en una satisfacción brutal, hasta tal punto, que el dolor y el duelo pasaron a un segundo plano. En octubre de ese año se acabó la lloradera. Ya no me importó que me mi exmarido me hubiera mentido y utilizado. Eliminé la imagen de la víctima, de la niña tonta e inexperta que se quería comer el mundo y termino devorada por él. De la mala hija que no escuchó las advertencias de su mamá cuando le suplicaba que no se fuera de la casa. Dejó de dolerme el haber perdido la inocencia y la ingenuidad. Todo eso que me producía tanto enojo lo saqué de mí sistema sudando y llorando. Así le di paso a una nueva persona. Esa que ahora se planteaba nuevos retos y descubría otras destrezas en sí.

Por otro lado, aunque estaba sola, las llamadas de larga distancia de mi tía, la psiquiatra, me ayudaban a sentir que era parte de la familia y que volvían a aceptarme. Me había equivocado y lo había pagado. Ahora tenía la oportunidad de lograr una reconciliación. No podía vivir sin esos vínculos que habían sido la base de toda mi vida y formación. Seguía domesticada. Lo confieso. Para completar mi felicidad, necesitaba del cariño de los míos, de su permiso y aprobación.

Casada con los desiertos

En junio averigüé y encontré información acerca de los cuatro desiertos. Estaba convencida de que tenía la fuerza para correr distancias más largas. Esa misma noche me inscribí a otra carrera. Cumplía los requisitos básicos. Había corrido cinco distancias largas, tres de ellas en un mismo año. No todo el mundo corre este tipo de maratones. Son para una élite, por eso tener un récord de estas distancias es la manera en que la organización de ultramaratones garantiza que tienes la capacidad física para cumplir con los 250 kilómetros que deberás recorrer durante una semana en cada desierto. El primer desierto disponible fue el de Atacama en Chile.

—¡Para allá voy!, —me dije.

Estaba emocionada. Era soltera. Me sentía libre. Revivía la alegría que había sentido años atrás cuando me fui a Sevilla.

El 20 de diciembre del 2012 recibí la noticia. Había sido aceptada para correr mi primer desierto en Chile en marzo del 2013. Me tocó completar la inscripción que exigía montones de papeles y decenas de requisitos. Ese fin de año fue muy bello. Mi familia vino a mi casa a pasar la navidad y aproveché para contarles sobre mi nueva carrera. La más larga de todas las que había corrido hasta ese momento.

Estaban felices e incluso mi papá me ofreció ayuda con los gastos. Me apoyaba en todas mis aventuras. Me alentaba:

—Hija, tú puedes, ya has corrido mucho y esta carrera también la terminarás. Ya tú eres una experta en eso.

En aquellos años de recuperación, después de mi divorcio, sentía que mi papá empezaba a respetarme. Él sabía que yo era fuerte y que todo lo que me proponía lo lograba. Me había salido de las normas que se esperan de una mujer, pero ya no me juzgaban por ello, sino que me apoyaban en lo que era mi sueño: conocer el mundo y correr.

Atacama me esperaba en Chile

Atacama, el desierto más árido del planeta, el más complejo, el más caliente y seco me esperaba. Primero tendría que llegar a Chile con una maleta que preparé con tres meses de anticipación. No quería que me faltará nada porque si eso ocurría, no pasaría la supervisión y sería aún más difícil completar el recorrido de 250 kilómetros que me esperaba.

En cuanto a mi cuerpo, una de las cosas que aprendí es que el entrenamiento no debe de ser de menos de seis meses ni de más de un año.

En junio yo recorría 100 millas, tendría que subirle 60 más para completar los 250 kilómetros que exigía este primer desierto. No sabía de nadie cercano que lo hubiera hecho, así que tuve que crear mi propio plan y la estrategia para prepararme. La gente piensa que uno tiene que correr todo el desierto varias veces durante el tiempo de entrenamiento o ejercitarse entre 20 o 30 horas diarias. Yo no lo hago así. A mi cuerpo lo trabajo de una manera paulatina. Poco a poco le vas agregando más horas, a diferentes temperaturas y en diferentes horarios. La idea es que tu preparación se acerque lo más posible a lo que te tocará una vez que llegues a la carrera.

Atacama era en marzo y ya había completado varias carreras largas en el 2012, pero no tenía una guía, entonces, hice un plan de trabajo que se extendería por diez meses en los que tomaría en consideración las 100 millas del 2012, 31 millas de julio, el maratón de Chicago 26 millas, en octubre 50 millas Lakefront, y luego en diciembre, corrí sola otras 31 millas. Todo esto sumaba 238 millas en seis meses, es decir, el equivalente a 383 kilómetros.

Aunque había preparado mi cuerpo con meses de anticipación me quedaba hasta marzo para afinar los detalles y ajustarme a un clima y a unas condiciones extremas y desconocidas para mí. Hay corredores que me comentan que se preparan tres semanas antes de un maratón. Yo considero que eso es muy dañino para el cuerpo porque no está preparado para un esfuerzo tan grande. Escuchaba a un novato decir que una vez terminado el maratón de Chicago, o sea 26 millas recorridas, estaría listo para aventarse unas 50 millas más en las próximas semanas. Lo puede hacer, claro está, pero no es lo recomendable. Su cuerpo acaba de vivir una experiencia de gran esfuerzo y estrés. Necesitará recuperarse por lo menos seis semanas antes de enfrentarse de nuevo a una ultradistancia, de lo contrario truenas. Tal vez no lo sientas inmediatamente, pero, con los años, viene el desgaste por haberse sometido a tu cuerpo a ese tipo de esfuerzo. Sin la preparación progresiva que se requiere en este tipo de disciplina no es posible avanzar sin lesionarse.

Mi estrategia consiste en correr esas distancias largas y luego incorporar otras actividades deportivas, como natación, boxing o ciclismo. Me toma entre seis o siete semanas antes de volver a hacer una carrera de más de 30 millas. Nunca me impongo distancias de 100 millas en una semana sin descansar por lo menos un mes. Me exijo muchísimo, pero no abuso de mi cuerpo. Si corro ultramaratones semanalmente me voy a lesionar y de esas lesiones es difícil recuperarse.

Así, lo que he descubierto entrenando para la ultradistancia es que el entrenamiento debe ser paulatino. Tiene que disfrutarse, sentirse y vivirse con placer. Sin sufrir ni hacerse daño. Por eso voy sumando y acumulando mis distancias. No las quiero realizar todas de una vez. Por supuesto, hay quienes piensan y hacen cosas diferentes a la hora de enfrentar una ultra distancia. Yo respeto las experiencias de cada quien, pero como este es mi relato aquí les hablo de lo que me funciona a mí. Por cierto, a menos que me pregunten, no me gusta andar pregonando acerca de lo que sirve o no sirve en las carreras; este libro es la excepción. Soy recelosa de esta parte de mi vida porque me ha costado demasiado esfuerzo y conocimiento obtener este conocimiento. Por lo tanto, no acepto quienes no conocen el significado de correr ultradistancias insulten, cuestionen o critiquen esta disciplina creada para personas dedicadas y ultradisciplinadas que han convertido el correr en una religión.

Mi formula: mientras menos sorpresas, mejor

En Chicago, la ciudad donde vivo, en enero hace un frío inapto para salir a entrenar. A nadie se le ocurre salir a correr o a caminar durante el invierno. Incluso puede ser peligroso a tal grado que permanecer más de 10 minutos expuesto al frío bajo cero, hace que se congelen las lágrimas o las partes más blandas de la piel como las orejas.

La carrera sería en marzo y en Chile habría temperaturas de 100 grados Fahrenheit. Mi entrenamiento comenzaba a las cinco de la mañana. Me abrigaba bien y corría de cinco a seis millas por hora. En esos días, entraba a trabajar a las siete. Así que regresaba, desayunaba y me iba a la compañía. En la tarde cuando volvía, comía algo ligero y dedicaba de dos a tres horas para ejercitarme corriendo y caminando. En esta oportunidad incorporé la técnica de caminar fuerte, moviendo los brazos que yo denomino el *power walk*.

En Chile tendría que soportar siete días internada en un desierto. No sabía lo que me esperaba y por eso me preparé para todo lo que suponía que me podría encontrar. Debía estar lista para pisar diferentes terrenos. Mis tobillos tendrían que soportar plantarse en superficies duras y blandas y me entrené para lo que viniera, montañas, piedras, dunas. Dividía mis entrenamientos entre la mañana y la tarde noche. Durante cuatro horas por día, cubría 20 millas para completar cien por semana.

Mi cuerpo reaccionaba. Al principio me dolían las piernas, los brazos y los hombros porque estaba incorporando nuevas técnicas como el *power walk* y me costaba un montón, pero a medida que pasaban las semanas, mi cuerpo respondía y se adaptaba a la distancia. Ya no sentía dolor, sino que cada vez me sentía más fuerte y segura. Me daba cuenta que no era tan complicado. El nuevo plan me confirmaba que la preparación física y mental es un proceso maravilloso. La base fundamental para enfrentarse a las exigencias de las distancias largas.

En el plan que me creé iba a ir aumentando hasta alcanzar 250 kilómetros (155 millas). Como dije anteriormente, no entreno mediante repetir el kilometraje de la competencia, sencillamente, me acerco al kilometraje y lo repito durante los entrenamientos. De esta manera, le comunico a mi cuerpo lo que se avecina. Lo preparo y la mente se convierte en tu aliada. Sabe que tiene el compromiso de cumplir la distancia propuesta. Para mí funciona casarme con las millas que he trabajado en un determinado periodo de tiempo. 700 millas en esas siete semanas entrenando en intervalos, a distintas horas y temperaturas.

Los fines de semana exponía a mi cuerpo a nuevos cambios. Lo sacaba de su zona de confort, lo dirigía y le exigía cada vez más para que estuviera preparado para diversas situaciones. Empezaba a las dos de la mañana o de noche. Me inspiraba en Muhammad Alí, quien decía que prefería que le pasara todo durante el entrenamiento y no en una pelea. Para mí era lo mismo. Durante mis entrenamientos podía tener el control. Ese dolor era mi preparación. La experiencia obtenida se convertiría en mi fortaleza a la hora de enfrentarme al desierto. Esa era mi técnica.

También, como los fines de semana tenía más tiempo, me iba al sauna para sentir el calor que me tocaría experimentar en Atacama. El espacio del sauna era pequeño, pero suficientemente espacioso para saltar la cuerda y subir y bajar los escalones donde la gente se sienta. Me ejercitaba de tres a seis minutos hasta completar una hora. Ello me exponía a altas temperaturas. Luego de estos ejercicios, nadaba y me metía al *yacuzzi*. Mi cuerpo me lo agradecía.

En febrero, ya en la semana siete u ocho, estaba lista. Descansaba los martes y miércoles. Dos semanas antes de la carrera no hacía largas distancias y más bien comenzaba a reducir a 20 o 30 millas por semana, para que ya los últimos días sólo corriera treinta minutos diarios.

Para mí, como corredora de ultradistancias, el trabajo más pesado está en las 15 semanas antes de la competencia. Después debes consentirte, recibir masajes, ir al quiropráctico para que te estiren. También tienes que hidratarte ya que se pierde mucha agua durante la preparación. Los últimos días son para eso, para alistar tu cuerpo. No puedes llegar adolorido ni lesionado ni mucho menos deshidratado a tu competencia. Y como en el avión perderás agua, es recomendable llevar líquidos con electrolitos o pastillas que los contengan. Se trata de controlar al máximo lo que puedes controlar, intentar reproducir la experiencia antes de que ocurra y, claro, en el caso de un desierto en donde las temperaturas cambian de frío a calor abruptamente, eso se vuelve difícil; sin embargo, como lo hice yo, se puede imitar un contexto lo más cercanamente posible a lo que viene.

Una comida a la medida de mis necesidades

Necesitaba un alto contenido calórico. Entonces, por la mañana, tomaba un cereal con un plátano o avena. La preparaba con leche y azúcar. Me tomaba un café y un pedazo de pan tostado integral. Durante el día, me tocaba entrenar y trabajar así que organizaba todo lo que comería durante las 18 horas que estaría despierta antes de irme a la cama. Comenzaba a las cuatro y media de la mañana. Algunas veces, estaba en la calle a las cinco. Le dedicaba una hora a esta actividad. Luego, volvía a casa para alistarme e ir a trabajar.

Mi jornada laboral empezaba a las siete. Entre diez y once de la mañana me comía una manzana o un plátano. Consumía almendras con arándanos. Para el almuerzo, comía lo que había preparado: un caldo de res con papas, zanahorias, chayotes, camote y cilantro. Otros días me hacía arroz mexicano guisado con tomate, ajo y sal acompañado de una tortilla o me llevaba un pedazo de pollo o picadillo de carne acompañado de vegetales y ensaladas. No como mucho pescado. No tomo sodas por considerarlas muy dañinas para la salud. Tienen un altísimo contenido de azúcares y de sal. No necesitamos ese tipo de azúcar y sal escondida contribuye a retener líquidos. Para cubrir mi necesidad de azúcar y carbohidratos, yo prefiero las frutas secas, la avena, la granola y las almendras. El vino y las cervezas tampoco las consumo porque deshidratan y no me gusta el alcohol.

Ya en la tarde cuando llegaba a mi casa como a las seis de la tarde, me alistaba para salir a mi entrenamiento vespertino. Comía granola y me llevaba galletas integrales que contienen avena o frutos secos para el recorrido de dos o tres horas. A las diez de la noche me daba un baño y tomaba electrolitos para hidratarme; el gatorate o unas pastillas que disolvía en agua me ayudaban a descansar. Comía una rebanada de pan tostado con queso o un huevo revuelto, algo muy sencillo. Si estaba muy cansada, tomaba un jugo de tomate natural o algún licuado. Los vegetales me daban los nutrientes que necesitaba.

Otra parte importante son los refrigerios por lo que cree mi propia mezcla de cacahuates, arándanos, almendras, frutas y vegetales secos. Las frutas secas se consiguen en muchas tiendas naturales. No recomiendo el pan blanco ni los pasteles porque son pura harina que se convertirá en azúcar y no te darán la energía suficiente para los largos periodos de entrenamientos. Por supuesto que un pedazo de pastel o un pan caliente te da mucho placer, pero como yo tengo que administrar mis recursos y mi energía, me di cuenta que, si me comía uno de estos carbohidratos, antes de una hora me daría hambre y no tendría suficiente energía. En cambio, con mi mezcla podía aguantar dos o tres horas sin debilitarme.

Por supuesto las ensaladas son parte fundamental de cualquier dieta. Las hago de hojas verdes, kale, lechuga, espinaca, apio, pedacitos de pepinos, betabel. Lo mezclo con aceite de oliva, sal y pimienta. Sabe muy rico. A veces se le puede agregar arándanos, tomates y fresas. Es una alimentación rica y variada que ayuda a tener lo que se necesita sin llevar a cabo ninguna dieta en particular. Al cuerpo hay que darle nutrientes y azúcar de la manera más natural.

Cuando llegó el día, ya estaba lista para mi partida hacia Santiago de Chile. Mi cuerpo, espíritu y equipaje estaban meticulosamente preparados. No veían la hora de montarme en el avión que nos llevaría desde el aeropuerto O'Hare en Chicago hasta Santiago de Chile y posteriormente al pueblo minero más rico de Chile: San Pedro.

Un equipaje doloroso y pesado

Participar en las carreras de ultradistancias es algo complicado que requiere de disciplina y organización. Te preparas con un año de anticipación. Llenas papeles, formas y demuestras que cumples con los requisitos para realizar la hazaña de correr en un desierto demandante hecho de terrenos complicados y remotos, con un clima implacable. Lugares donde en algunas ocasiones estarás completamente sólo enfrentándote a la distancia en silencio. Tú y el camino. Además, deberás contar con los recursos económicos para adquirir el equipo obligatorio que necesitarás. Después de esto, te aceptan. Con las instrucciones te mandan un estricto manual que será verificado y revisado un día antes de entrar en la carrera.

Y heme ahí despegando listísima mientras observo las nubes gordas que han venido a decirme adiós. Cierro los ojos y una vez más reviso mi equipaje en mi mente. Son 105 elementos. Cosas que están en la lista y sin las cuales no te aceptan: brújula, curitas, vendas, *sleeping bag*, morral, lámpara de noche, espejito, una bolsa solar para meterte en caso de que haya tormenta o nevada y te protege hasta por seis horas. Tenía todo exactamente como me lo habían pedido, del tamaño y las dimensiones precisas.

Atacama tiene un carácter muy demandante por sus temperaturas asfixiantes durante el día y heladas por la tarde y la noche. Es un desierto rodeado de sal. A estas formaciones se les conoce como salares o salinas y tienen el poder de acabar contigo. Todo lo destruyen, carcomen los zapatos, los pies, la piel de la cara y deshidratan. En este desierto los que son muy buenos, los expertos o "los más perros" la hacen y logran. Los que no, no terminan la carrera y se quedan a mitad de camino deshidratados. Yo no quería ser uno de ellos.

Bueno, seguía pensando en mi equipaje, el cual me había tomado tres meses armar con las especificaciones que indicaba el manual. Cosas fundamentales que necesitaría para sobrevivir y que no se conseguían en tiendas como Walmart o Target. Tuve que hurgar en lugares para excursionistas, exploradores y montañistas. Cada semana iba, compraba algo y lo tachaba de la lista. Hasta que unas semanas antes, en una maleta que pesaba más de 30 kilos logre reunir todo lo que me exigían.

A pesar de la alegría y excitación que me embargaba, logré dormir y luego de más de 13 horas llegamos a Santiago. Era jueves. Agarré la maleta grande y el equipaje de mano en donde había metido un short, unos zapatos tenis y los parches y logotipos que le pone en los brazos a las camisetas para identificar el lugar de donde vienes, en mi caso Estados Unidos.

Rápido hice una conexión a otro avión chiquito en donde a excepción de dos muchachos, quienes parecía deportistas al igual que yo, todos eran mineros que se dirigían a Calama. Durante el corto vuelo nos presentamos. Los dos jóvenes, uno suizo y otra española, se disponían a cruzar el desierto. Serían mis compañeros de viaje. Con ellos no hablé mucho, preferí escuchar a uno de los mineros quien me contó que

San Pedro, hacia donde nos dirigíamos antes de ir a Atacama, era un pueblo místico que te conectaba con el desierto.

Aterrizamos. Sentía que me asfixiaba por la altura y las temperaturas de cerca de 100 grados, pero seguía contenta. Cada vez estaba más cerca de mi sueño. Una vez que recogiera mi maleta tomaríamos un autobús o un carro que nos llevaría al hotel. Esperamos un tiempo prudente y para mi sorpresa, ni mi maleta ni la del joven suizo llegaron. Esperamos, preguntamos y nos dijeron que era normal que se quedaran una o dos maletas porque eran aviones pequeños, que estuviéramos tranquilos pues al día siguiente llegarían. Era un gran inconveniente tener que regresar porque nuestro hotel quedaba a cuatro horas de distancia.

Nos fuimos y luego de un camino difícil, seco y caliente llegamos al hotel La casa de Don Tomas. Quería darme un baño y descansar, pero de nuevo otra sorpresa me aguardaba, no tenía reservación ni para esa noche ni para el día siguiente. La verdad es que para este punto ya estaba mareada, con ganas de vomitar y mis pastillas recetadas justamente para eso estaban en la otra maleta junto con todo lo que necesitaba de ahí en adelante. Después de suplicarle que me diera algún lugar para pasar la noche, la recepcionista me asignó un cuarto que al día siguiente ocuparía otro corredor. Mientras me decía que no me preocupara, que era normal que las maletas desaparecieran y luego volvieran. Me lancé en la cama. Todo me daba vueltas. Notaba que estaba perdiendo el control, así que decidí correr por una hora. De regreso a mi habitación, me emocioné al ver cómo aquel pueblo de pocas casas y ningún negocio empezaba a cobrar vida con la llegada de los corredores. En unas horas invadirían el virginal desierto de Atacama.

Desayuné cortesía del hotel y salí en un carro rumbo hacia el aeropuerto. Esperé tranquilita y apenas aterrizó el avión de la mañana me lancé a ver si veía mi maleta. No llegaba y ya empezaba a desesperarme. Caminaba de un lado a otro tratando de encontrar a alguien que me diera razón. Después de que se fueron los pasajeros, quedaron sólo dos personas, una chica indolente y antipática que como disco repetía las mismas palabras:

—Lo siento. No hay nada que pueda hacer.

Otro señor que acomodaba las maletas sin dueño amontonadas en un corredor me dijo:

—El próximo vuelo llega a las cinco quizá ahí venga.

Ninguno de los dos empleados, hacía nada para averiguar adonde había ido a parar mi maleta ni una llamada ni un gesto de ayuda. Nada.

Esperé cinco horas en aquel lugar solitario donde no había nada que hacer. Me consolaba saber que muy pronto estaría de nuevo en mi cuarto organizando mi morral y mis cosas para encaminarme rumbo a mi amado desierto. De pronto, una nueva preocupación se sumó a mi angustia, en La Casa de Don Tomás no había lugar para mí.

A lo lejos escuché las turbinas del avión:

—Allí vienes querida maleta.

Le hablaba para darme ánimos. La maleta que me había tomado tres meses armar andaba escondida. De nuevo, me fui a buscar entre los equipajes. Ahora los pasajeros eran diferentes, la mayoría extranjeros. Eran el resto de los deportistas que al igual que yo venían a correr el desierto. Mi maleta no llegó.

Angustiada y desesperada fui a hablar nuevamente con la encargada de todo el aeropuerto y recibí la misma respuesta:

—No hay nada que pueda hacer.

No pude más, empecé a llorar sin control. Lloraba y lloraba sin vergüenza. No me importaba que la gente me viera y pensara que estaba loca. Así pasaron unos 20 minutos y me dije:

—Puedes llorar hasta que quieras Edna, pero eso no resuelve el problema, cuando termines de llorar regresa al hotel y empieza a ver que puedes hacer.

Me monté en un carro. Aquellas cuatro horas fueron los peores momentos de mi vida. Creo que ni siquiera con mi divorcio había sufrido y llorado tanto. Fueron terribles horas de angustia. Mi desierto me esperaba, pero ahora sin equipo, ¿cómo iba a hacerlo? No me aceptarían. Lo único que tenía era la lista de lo que necesitaba: 105 cosas fundamentales para sobrevivir según el manual de los organizadores del ultramaratón los desiertos.

Segunda Parte

¿Qué comprar donde no hay nada?

A las 9 de la noche y sin maleta, llegué de nuevo al hotel en donde ya sabía que no había cuarto para mí. La recepcionista lucía atareada con todos los nuevos huéspedes que llegaron a registrarse. En eso vi a una muchacha con una bandera mexicana. Me le acerqué y le expliqué mis problemas rogándole que si por favor me permitía compartir su habitación y pagaríamos entre las dos. Fue un milagro. La chica se compadeció de mí y ya con un lugar donde dormir, salí a ver que podía conseguir de la larga lista de requisitos.

Tenía una hora para encontrar lo que me había tomado más de 12 semanas juntar y organizar. Entré a una botica, una especie de farmacia donde encontré vendas, curitas, medicinas, granolas y chocolate. El encargado hacia sus propios electrolitos que no los vendía en bolsitas, sino por kilos. En mi cabeza iba armando los menús con las tres mil calorías que necesitaba por día. Estando allí llegaron un grupo de muchachos de India, quienes también iban para el desierto. Les conté en inglés lo que me había pasado y no podían creer que estuviera tratando de organizar una maleta cuando me quedaban horas antes de la supervisión final. También se compadecieron de mí y me ofrecieron algunas cosas que recibí súper agradecida. De allí me fui a la única bodega del pueblo y compré lo que encontré, puré de papas en lata, nueces, queso parmesano, que es bueno por la sal y la grasa, galletas. Metía lo que iba encontrando y ahora tenía que organizarlo. Para este momento, ya pasaban las diez de la noche y con mi bolserío llegué al hotel; me daba vergüenza, todo el mundo bien atlético, profesional y fresquecito, listos para acostarse mientras que yo, a esa hora, me disponía a meter las cosas que necesitaría en un morral gigante que me había prestado el hindú. Me sentía fuera de lugar, como la india María en una fiesta de Reyes. Sólo me faltaba la falda.

Betty mi compañera de habitación me decía:

—Creo que llevas mucho peso. ¿Cómo le vas a hacer?

Como Betty tenía más experiencia, me sugirió que pasara la supervisión y después botara lo que me pesara demasiado. Lo malo fue que yo creía que necesitaba todo, si botas la comida, pasas hambre, si no tienes un *sleeping bag*, te mueres de frío.

A las 8 de la mañana yo estaba allí, frente a los médicos con todo en regla. Debo confesar que mi equipo no era normal. Todo el mundo me veía con una especie de lástima. Sabían mi historia y creo que en su cabeza flotaban los prejuicios:

—Pobrecita de esta mexicana improvisada, se las va a ver duras en el desierto.

Me revisaron todo y aunque mi morral era más grande que yo, me dejaron pasar. Estaba lista para comerme el desierto o que éste me comiera a mí.

Con morral improvisado, pasé la prueba

La pérdida de mi maleta seguía rondando mi cabeza, parecía mentira que estaba aquí a las puertas de correr mi primer desierto y que, con todo, había pasado la evaluación, pero la frustración no se me pasaba. Nos subieron a los autobuses. Viajamos dos horas antes de internarnos en el desierto. Nos ofrecieron un pequeño refrigerio que me comí antes de acostarme. Esa sería la única comida que nos darían. A partir de ese momento nuestra alimentación corría por nuestra cuenta.

—A pesar de todas las precauciones en este tipo de aventura te puedes morir.

Escuché comentar a alguien en el autobús:

—Hay momentos en que te deshidratas, te debilitas y si no diriges tu mente, pierdes el control y caes.

Yo no conocía los detalles, ni la dificultad de este desierto, hasta ese momento, no me había preocupado por analizar la magnitud y los riesgos. Y para ser honesta, no quería que me contaran la historia como la habían vivido o sufrido los demás. Yo quería vivir la mía. Ser la protagonista y manejar a mi antojo el escenario con mi experiencia y recursos, aunque en ese instante no fueran muchos.

Eran las siete de la noche del sábado cuando llegamos a la primera estación. Empezaba a oscurecer y el fuerte viento me movía a su voluntad. La organización ya había colocado varias tiendas de campaña donde alojarían entre diez y doce personas. En mi grupo éramos doce, dos españoles, dos brasileños, dos japoneses, dos sudafricanos, dos chilenos, un estadounidense y yo. Había mucha gente, pero yo no conocía a nadie más que a la mexicana maravillosa que me alojó en su habitación la noche anterior. Ella fue quien me prestó un *sleeping bag* y me apoyó hasta pasar la supervisión. Una vez que me asignaron mi carpa nos separamos. A partir de ahí, por siete días, dormiría en el mismo lugar que mis once compañeros.

El instinto de sobrevivencia empieza a funcionar. Tratas de localizar, entre aquellos desconocidos, a quien tendrás cerca durante la noche en un espacio limitado en donde tu descanso dependerá del cuerpo del otro. No hay camas, ni colchones, te metes en tu *sleeping bag* rogando que el que te toque al lado no ronque, no huela mal y sea respetuoso. Es difícil relajarse y confiar cuando estás tan cansado y frágil, pero aprendes a hacerlo.

La carpa estaba ubicada en una montaña bastante irregular en donde una parte quedaba en bajada. Busqué el centro y pensé:

—Ojalá me toque el estadounidense, o alguien que tenga la costumbre de asearse diariamente.

Esto de compartir espacios tan pequeños es complicado. No conoces los hábitos de limpieza de tus compañeros. Corres todo el día. Te aseas con toallas y al momento de dormir, cerca de ti, habrá otro cuerpo con sus olores, sus ronquidos, sus gases y todo lo que traemos los humanos dentro. Al principio no hay problema, todo el mundo está limpio, pero con los días la situación se puede volver dura.

Yo me imaginaba que estaba en una batalla en donde a la fuerza tenía que buscar aliados, cosas que tuviéramos en común y nos acercaran. Me comí el sándwich y los *chips* que me dieron y me fui a acostar. Aunque estaba agotada por el *stress* y el cansancio del día, me costó dormir. Seguía con mi duelo por la pérdida de la maleta. Se me salían las lágrimas. Me tragaba las ganas de gritar porque no quería molestar. Por fortuna apareció mi angelito positivo y me dijo:

—Edna, por favor, llevas meses preparándote para esta aventura. Éste es tu sueño. Déjate de tonterías y valora lo que has logrado. Por poco te quedas varada por no tener maleta y aquí estás, lista para mañana.

Empecé a rezar encomendándome a Dios. Le pedí concentración. Le rogué que no me dejara caer, que me diera fuerza física y mental para seguir adelante. En aquel silencio, me hice cómplice de mi espíritu y de mi ser. En un mundo extraño, mi cuerpo y mi alma se comprometieron a enfrentar las adversidades. Sabía que sería complicado, pero no me detendría. Haría todo lo que me permitieran mis fuerzas. Me aferraría al objetivo, terminar la carrera. Y por fin, en aquel momento mágico, encontré la paz que necesitaba y me dormí.

Día uno: ¡Dios dame fuerzas!

A las cuatro de la mañana me desperté. Debía estar lista para la junta que comenzaría a las 6:30, es decir, media hora antes de nuestra partida. Había cinco baños portátiles como para 200 personas. Te lavas los dientes. Te aseas con toallitas. Te preparas con la ropa adecuada según sean las características del suelo.

Muy cerca de la carpa estaba un grupo de locales e indígenas de la Patagonia que prendieron una fogata en donde podías calentar tu agua para café o cualquier bebida de tu preferencia. Eran gente especial, *hippies*, rockeros, personas alejadas de la civilización, libres y sencillos. Calenté mi agua y me preparé un licuado con los polvos de proteína que llevaba. Con eso y con una galleta empecé el día. De regreso a la carpa, vi mis cosas. Mi maleta era tan grande que necesitaría ayuda para montármela a mis espaldas. De reojo observaba a mis compañeros que me veían como con compasión, mientras yo volvía a mi cantaleta mental: "¡Dios! ¿Cómo le voy a hacer? ¡Dame fuerzas!"

Como estaba planeado, nos concentramos en otra carpa a escuchar las instrucciones para el primer día, supuestamente, el más sencillo de la jornada. A medida que transcurrieran los días, la aventura se complicaría. Pasaríamos por ríos, salinas, temperaturas altas y bajas, subidas y bajadas, terrenos de piedra y arena. El primer día cubriríamos una extensión de unas 20 millas.

Salimos a la hora indicada. Dos horas después, sentía que el calor me iba a derretir y me estaba deshidratando. No habían muchos atletas cerca de mí, sólo un grupo de chicos mexicanos judíos, a quienes identifiqué por el acento y porque en sus mangas traían la bandera de México y la de Israel.

Nos saludamos y les dije que era de Monterrey. Ellos eran jóvenes empresarios a quienes tal vez le sobraba el tiempo y el dinero, quienes ahora se aventuraban a cruzar el desierto sólo por divertirse. Traían unos morrales preciosos por los que seguramente pagaron una fortuna. Yo, ya acostumbrada a compadecerme de mí, volví a ver mi maletota que me impedía correr y me estaba partiendo la espalda y haciendo que los pies me tronaran. Los muchachos caminaban. Yo trataba de correr lo más rápido que podía. Así estuve por cuatro horas, subiendo montañas de piedra. Después vendrían las bajadas de arena sobre las dunas.

Las dunas son bellísimas. Parecen un flan gigante. Y cuando cuentas con el equipo apropiado, vas saltando sobre ellas como si se tratara de un colchón sobretodo en bajada, pero como yo tampoco traía los zapatos especiales para la ocasión *(gaters)*, su finísimo polvo se me metía en los zapatos y me quemaba los pies. Yo me paraba para limpiarlos y me hundía. Lo que no podía permitir era que se me dañaran los pies y me salieran ampollas. A lo lejos, se veía el infinito lleno de espejismos como en las películas. Entonces se me ocurrió una idea. Agarré mi *backpack*, lo aplané como se pudo y me subí sobre él. Así me lance dunas pa' abajo como si fuera un trineo.

En este momento, yo andaba sola. Por lo general los más expertos van al frente y como tienen velocidades similares se juntan. Los japoneses y otros asiáticos iban juntos. Los estadounidenses se acompañaban en pares, siempre de prisa porque son muy competitivos. Y yo, la latina, no encontraba muchos de los míos. Así que bajé sola con mi maleta convertida en carrito tratando de avanzar como pudiera.

Faltaban como tres horas, pero miraba a lo lejos y sentía como si allí mismo estuviera el campamento. Era una ilusión que no sé por qué ocurre en los desiertos. Ves cosas que no son. Tal vez eso suceda para animarte a que sigas sin desmayarte porque piensas que te falta poco. De pronto, apareció un punto de control y de chequeo en donde tomé agua y llené mis botellas. Descansé unos minutos y continué mi camino.

Pasadas las tres de la tarde llegué medio muerta. No era la primera en hacerlo, pero tampoco la última. Lo supe porque cada vez que llegaba un corredor se escuchaba un tambor que lo anunciaba con júbilo. Medio me limpié, enjuagué mi ropa y comí un pedazo de pan que me regaló uno de los corredores. Era un señor español de unos sesenta años. Me contó que había recorrido el Camino de Santiago de Compostela, pero que aquello era un paseo. Esto era mucho más complicado. Aunque no estaba en mi carpa, lo convertí en mi amigo. Así terminó mi primer día.

Día dos: aligeré la carga y empecé a volar

Igual que el primer día, a las 4:30 de la mañana ya me había salido del *sleeping bag*. Me quité el pantalón de dormir y me puse el short. Desayuné lo mismo. Mi licuado caliente con proteínas y una galleta. Me dolían los pies, pero no tenía ampollas porque me los había untado con Vaselina y Capen, una pomada para las rozaduras de bebés. Esta es una de las técnicas que se usan en los ultramaratones y caminatas largas. También me ponía las medias al revés para que las costuras no me rozaran. Me disponía a salir cuando me encontré con Betty Camiadi, la mexicana que me había dejado compartir su cuarto. Al verme me dijo:

—Edna, yo no sé cómo lo hiciste para solucionar tantos inconvenientes y organizar todo en una hora. Si a mí se hubiera perdido la maleta, me hubiera regresado.

Sus palabras me animaron. Por fin me daba cuenta de la dimensión de lo que había hecho para estar allí. Sin darme cuenta, seguía maltratándome sin consideración. Yo era una jueza cruel que por lo general siempre terminaba condenándome como culpable de todo. Por eso las palabras de ésta, mi nueva amiga, me hicieron recordar lo valiente que era al hacer lo necesario para lograr mis objetivos. A partir de ahora, dejaría atrás las lamentaciones y el papel de víctima. Yo no era una víctima. Era una mujer valiente y llena de fortalezas. Lloré, pero ahora mis lágrimas eran de alegría. Estaba naciendo una nueva Edna más fuerte y con más claridad. Me preparé para el tercer día. A partir de ese momento todo sería disfrute. Viviría con alegría lo que la vida me estaba dando. Después de todo, ¿cuándo tendría la oportunidad de hacer este tipo de travesías? ¿Cuándo regresaría mi lugar soñado donde lo más hermoso estaba por empezar?

Durante mi segundo día, mientras me comí el camino, notaba que, aunque quisiera, no avanzaría. Llevaba una carga muy grande. No sólo se trataba de mis pensamientos, también era mi maletota que seguía recordándome que tenía que sacar la mitad de las cosas que llevaba.

Llegué y apareció una cubana veterana del desierto que me venía observando desde mi llegada. Sabía que había perdido el backpack y todos los inconvenientes que arrastraba conmigo. Como una mamá o una hermana mayor se acercó al espacio en donde cada tarde organizaba mis cosas y me dijo:

—Déjame ver lo que tienes. ¿Me permites un consejo?

Dejemos sólo lo imprescindible. En el desierto se requieren muy pocas cosas y lo esencial que es tu fuerza la estás perdiendo con tanta cosa innecesaria.

Entonces empezó a sacar lo que según ella no necesitaría incluida alguna comida. Yo cargaba conmigo toda la comida que necesitaría para el resto de la semana. Al principio me asusté, me estaba botando todo, almendras, frutas secas, mi puré de papas, todo. Pensé: "¡Me voy a morir de hambre!"

Pues no. Aprendí que cada tarde en un lugar donde la organización colocaba las cosas perdidas, u olvidadas los participantes dejaban comida y cosas que ellos tampoco querían cargar. Organicé mi bolso y me quedé con casi nada, confiando que en el camino Dios proveería.

Hoy cuando pienso en esto, recuerdo la angustia que me generaba pensar en lo que pasaría al día siguiente. Tenía comida para ese momento. Tenía fuerza y salud para ese momento. Pero seguía pensando en el mañana. Siempre vivimos pensando en el mañana. Nos olvidamos de lo bello que estar frente a nosotros hoy. Me preparaba para el día tres, y ya más simple y ligera, estaba lista para a volar por el desierto.

Día tres: ahora sí, a disfrutar

Cuando boté todo lo que no necesitaba y dejé espacio en mi bolsa y en mi mente, empecé a correr. Yo creo que fue allí donde pude aplicar todo lo que había aprendido en los meses previos a esta carrera. Ahora, me movía más rápido. Ya enfocada en lo que tenía que hacer, me di permiso para disfrutar.

Desde la mañana nos habían anunciado que tendríamos que bajar sierras altas y rocosas. Cruzaríamos montañas y atravesariamos ríos helados. A lo lejos, veía la fuerza del río y temía que me arrastrara. Así que observé lo que hacían mis compañeros. Algunos se metían por el medio, donde el agua llegaba a la cintura. Otros le daban la vuelta y utilizaban como puente las inmensas rocas que decoraban al río. Pensaba: "Yo tan chiquita, me va a llevar la corriente".

Entonces me dije:

—Déjame aprender. Todo es sobrevivencia. Miras, aprendes y pones en práctica.

Así lo hice; en los trechos que podía, caminaba sobre las piedras, en otros, me sumergía en el agua helada pero sanadora. Se sentía delicioso. Era una terapia sentir el agua fresca en mi piel y en mi cara. Aquello era una bendición. Empecé a verte, Chile, tu cordillera Andina, la Patagonia de un lado llena de nieve y tu desierto rojito canela del otro. Aquel contraste de colores era un espectáculo electrizante difícil de describir con palabras. El corazón me latía de gratitud. Las montañas, el río, la nieve a lo alto y frente a mí, otra vez, las dunas.

Me detuve un rato. Me lavé la cara. Me mojé las piernas y con toda la fuerza de mi cuerpo, respiré profundo. Le di gracias a Dios por lo que estaba viviendo. Todo había valido la pena. Me sentía aliviada. No sé si fue gracias al agua o porque había entendido que, al sacarle peso a mi morral, me liberaba. Me daba permiso de ser libre y de disfrutar de aquello que tanto trabajo me había costado.

Como consecuencia del esfuerzo me salieron ampollas, mis pies húmedos, encerrados y calientes explotaron regalándome un par de ellas. Me molestaban, pero no les puse atención, sino hasta que llegué a la estación. Recuerdo que mi papá me decía que, si eso me ocurría, las rompiera, pero no con una aguja porque se vuelven a llenar de agua, sino que las cortara y luego les pusiera sal. Eso hice, porque las ampollas son cabezonas. Las rompes y vuelven a salir. Las corté por una esquinita con un corta uñas y como estábamos cerca de un salar, caminé un rato y frente a mí, vi a un río cristalino, blanco por la sal, en donde no hay peces, pero abundan los flamingos. Todo era virgen.

Me quité los zapatos, y la sensación era como caminar sobre una galleta de soda que se rompía a medida que la pisaba. Que sensación tan rica sentir aquel masaje, pero yo necesitaba llegar al río y meter los pies para que se me desinfectaran y se cerraran las ampollas. Aquella cura natural dolía muchísimo. Aguanté sólo diez segundos. De vuelta a mi carpa, vi que mis pies estaban blancos. Esperé a que se secaran. Los enjuagué. Tenía que curarlos porque estos pequeños detalles hacen que los corredores se queden en el camino. Es imposible correr con ellas. Tan solo caminar duele demasiado. Mis ampollas sanaron. Estaba lista para el cuarto día.

Día Cuatro: la compañía ayuda a acortar las distancias

—Obrigado, obrigado!

Escuché decir a Wladimir Santos, el brasileño que, por ser invidente, es un ejemplo para los ultramaratonistas.

—Eres tú, Edna.

Me decía con voz melodiosa.

—Sé que eres tú porque cada mañana te huelo.

¡Qué manera más seductora de saludar y de hacerte sentir especial!

Wladimir era un hombre de unos 40 años que perdió la vista cuando era apenas un muchacho. Había encontrado en correr una razón de vivir. Era casado y tenía dos hijas.

Wladimir fue la inspiración de quienes compartimos la carpa y nos preparábamos para enfrentar otro día de incertidumbre. Yo cantaba bajito y rezaba, mientras él, con su sonrisota coqueta, me daba las gracias no sé por qué. Y repetía:

—Te huelo y tu crema me motiva, Edna.

Aquella mañana estaba particularmente caliente. Nos advirtieron que sería una travesía muy compleja. El encuentro con Wladimir fue como el agua fresca, el empuje que necesitaba aquella mañana. Si aquel hombre con limitaciones visuales podía correr, yo no tenía ninguna excusa. Cada día parecía que Dios me mandaba un ángel para darme ánimos. Este día Wladimir era el estímulo que me recordaba el objetivo que debía cumplir.

De una manera casual y aleatoria nos revisaban, antes de emprender la carrera del día, para ver si teníamos todas las cosas que necesitábamos, los electrolitos, el agua, etc. Ciertamente aquella sería la zona más complicada de todos los desiertos: los temidos salares. Los más expertos no la corren, la caminan. La superficie es una tierra volcánica dura que se quiebra cuando la pisas. Hacía muchísimo calor y, por supuesto, no había árbol que diera sombra.

Me fui detrás de un grupo donde había un chico y una chica colombianos. Hablamos de nuestras parejas y amores. El muchacho contaba que había conocido a una corredora que le gustaba, pero que era muy dura y por eso nunca la pudo conquistar. La muchacha que lo acompañaba parecía no estar interesada en amoríos, ¿y yo? Yo hablé de lo mío, que era divorciada, que viajar y correr eran mi vida, lo único que quería hacer mientras estuviera viva. A veces, cuando no puedes correr, sino caminar y encuentras un grupo para compartir, eso ayuda a que las distancias se acorten. Ellos sabían que yo era la mexicana a la que se la había perdido todo. Se compadecieron de mí, y la chica ofreció compartir su comida, cosa que agradecí, porque no llevaba nada, siempre confiada en que Dios me proveería.

Así íbamos atravesando los salares que cada vez se hacían más difíciles y como teníamos quien nos escuchara, era el momento de compartir nuestras quejas y dolores. El colombiano fue el primero, llevaba rato cojeando y quejándose de que tenía los pies deshechos. Sentíamos su dolor como si fuera el nuestro, pero seguíamos caminando. Sin embargo, llegó un momento en que el dolor se le salía por los ojos y, con lágrimas, nos dijo que se tenía que parar. Las ampollas y la sangre se le estaban pegando a las medias. Yo lo escuchaba y pensaba: "Yo no voy a parar, no puedo hacerlo".

Mis suelas estaban casi despegadas y en este calorón, si me detenía, se me derretirían los zapatos. Llevábamos cuatro horas caminando y nos faltaban por lo menos ocho para llegar hasta nuestro refugio. La chica se compadeció y como también estaba cansada, le dijo:

—Vamos a detenernos, yo me quedo contigo.

Yo me adelanté. En aquel momento, no me podía quedar a compartir el drama de los nuevos compañeros. Así que me fui. El camino se me hizo larguísimo, estaba sola en aquel desierto infernal. Terminé con los únicos zapatos que tenía llenos de agujeros. Mi cara estaba totalmente quemada. Parecía chocolate. Pero como soy de Monterrey, mi piel morena está acostumbrada al sol y no me salieron ampollas. En cambio, a los estadounidenses y europeos, aunque se ponían protección factor 100, la piel se les cocinaba.

Con estas temperaturas tan altas del Atacama, me puse muy morena. Algo que me ocurrió y que me sorprendió, porque no estaba previsto, fue que se me adelantó el periodo y por supuesto no estaba preparada. Llegué corriendo a mi carpa con las piernas chorreando sangre:

—¡Qué vergüenza, Dios mío! ¿Hasta cuándo me seguirán pasando estas cosas?

Sin maleta, sin comida y ahora con la regla. No había agua para limpiarme en los salares, así que me dirigí a donde la gente bota las cosas y encontré restos de botellas con agua caliente. Las puse juntas en una especie de cubeta que encontré. Me limpié y con el resto lavé el short y lo puse a secar para el día siguiente. Me sentía mal y a ratos me atacaban las ganas de largarme como ya lo habían hecho otros. ¡Pero no! Eso no estaba en mis planes. Así que continué con la penitencia que yo me había impuesto a sabiendas que al final todo estaría bien.

Como todos los días, mi amigo, el señor español, me dio mi pedazo de pan integral Bimbo que había comprado en el Corte Inglés en España. Con ese pan y lo poco que lograba rescatar de los sitios de cosas abandonadas logré alimentarme por el resto de los días. A veces encontraba cosas muy ricas, quesos, puré de papas y hasta frutas. Aprendí a sobrevivir comiendo de lo que la gente botaba. Es increíble de lo que es capaz el ser humano para seguir adelante.

Me sorprendía ante la alegría simple que me producía encontrar la comida que, ese día, saciaría mi apetito.

—Sí, ya sé que están pensando, que era como una pordiosera. Y es posible. Con la diferencia que esto que estaba viviendo era temporal. Yo lo elegí y terminaría en un par de días.

Después, cuando vuelves a la vida cotidiana, tienes nuevas fortalezas que te ayudan ante cualquier circunstancia que se aparezca. Eso lo aprendí en ese, mi primer desierto.

Luego de mi cena sorpresa, porque la verdad no sabía qué me depararía la vida, que siempre me regalaba algo, estaba lista para el día siguiente. Venía la marcha larga.

Quinto y sexto días: la marcha larga

Lo últimos dos días ya no paras. Debes completar lo que te falta. Es decir que si en los cuatro días previos has hecho unos 28 o 30 kilómetros por día, un total de 100 kilómetros o más, entre el quinto y sexto día, tienes que completar otros 100 kilómetros. Ya no duermes. Tienes 24 horas. Es como hacer dos maratones en ese tiempo.

Comenzamos el jueves temprano y terminaríamos el viernes a las siete de la mañana. Después de doce horas de subidas y bajadas, me encontré con un mexicano altísimo que vivía en Chile y quien generosamente compartió unas galletas conmigo. Él, al igual que todos en el campamento, sabía que yo era la muchacha que había perdido la maleta. Hablamos brevemente y siguió adelante. Tenía las piernas larguísimas y, aunque quería, no me podía acomodar a su paso ni caminando ni corriendo. Tenía mucha hambre, me comí mis galletas y tomé un poco de agua, todavía me faltaban 40 Kilómetros. Para ese momento, con el cuerpo destruido, tenía que completar la parte más dura de la jornada.

No sé cómo lo hice, pero llegué a las cinco de la mañana. Pasé por la meta deshecha, súper jodida, con los pies deshechos y diez kilos menos.

En Chile no me había ido bien. Sufrí demasiado, pero lo logré. De nuevo, tenía emociones encontradas. Tal vez por el cansancio, por la regla o por las hormonas revueltas, no sabía si llorar a gritos o alegrarme por haber terminado. El fantasma de la quejadera y la víctima querían aparecer nuevamente, pero yo no se los podía permitir, aunque claro, el sufrimiento y el dolor eran reales. Pero aquel, mi primer desierto, fue la escuela que me preparó para lo que me tocaría experimentar más adelante como persona y como corredora.

Ya de vuelta en San Pedro me di permiso de llorar. Así lo hago. Me doy permiso para quejarme:

—Okay, Edna, quéjate por un rato.

Lo hice y lloré.

Después de 20 minutos, estaba lista para la fiesta de premiación. Fue una ceremonia linda en donde todos los corredores recibieron una medalla. Había comida, música y baile. Al final, la gente del pueblo se sumó a nuestra parranda que terminó en una plaza frente la iglesia.

Ya lista para regresar a Chicago me quedé con mi amiga Betty, una gran mujer que se recuperaba de un divorcio no deseado y quien al igual que yo, buscaba en el correr una cura para su dolor. Nos despedimos sabiendo que la vida nos volvería a juntar. Este era mi primer desierto y no sería el último, para Betty era el tercero. Quienes corren los desiertos quedan amarrados, comprometidos con esos compañeros que caminaron, sufrieron, rieron y crecieron contigo. Betty, el español, la cubana, el brasileño, el mexicano y los colombianos eran nuevos hermanos que la vida me había regalado.

El lunes llegué a Santiago de Chile. Volví con la historia de la maleta. En algún lugar tenía que estar. Alguien me tenía que responder. Así que me planté en las oficinas de la aerolínea y cuando ya me iba, sin respuesta y sin maleta, uno de los señores de mantenimiento me dijo que las valijas sin dueño las llevaban a un cuarto al que me acompaño amablemente. Caminé sin esperanzas, abrí la puerta y busqué, había muchas cosas.

"¡Qué irresponsable es esta gente!" Pensé, y de pronto, allí la vi. Mi maleta negra, mi tesoro, estaba ahí.

—La chingada, mi bella, nos vamos pa' la China.

Le dije sin abrirla. Sabía que allí estaba todo lo que ahora no necesitaba, pero que desde ya me empujaba a empezar mi nueva aventura. Gobi, el desierto más ventoso del planeta, me esperaba.

Desierto de Atacama, Chile, 2013

La fortaleza está en conocer tu cuerpo y tu alma

De vuelta a casa

El lunes aterricé en Chicago. Se habían terminado mis vacaciones y tenía que reincorporarme al trabajo día siguiente. Lucía más delgada y cansada por las libras que había perdido durante la carrera. Así que procedí a recuperarme con mis sopitas de pollo y verdura, a hidratarme con agua natural para diluir el exceso de sal que había consumido en las bebidas con electrolitos.

Esa semana no corrí. Invité a un grupo de amigos a mi casa para contar mis experiencias. Mientras lo hacía, así como ellos, yo también me sorprendía y, en silencio, me daba palmaditas de estímulo. Supe que Chile era sólo el comienzo. Mi maleta negra, la que perdí y encontré, estaba lista. Muy pronto ella y yo nos prepararíamos para otra aventura, tal vez en China. Salvo las limitaciones económicas, no había ningún otro obstáculo que me detuviera.

Para quienes creen que los corredores somos fanáticos y que correr es un vicio, quiero decirles que no es así. Es una necesidad. Y para algunos como yo, cura y salvación. Es difícil explicarlo. Nadie sabe lo que se siente a menos de que lo haya vivido y sufrido. Correr es algo sagrado a lo que le dedicas la vida.

La última semana de abril, me inscribí en La carrera de Earth Day 50 km, en Crystal Lake, al norte de Chicago. Fueron 50 kilómetros (11 millas cada vuelta) y me costó un montón terminarla. Estaba fatigada y deshidratada. Quería tomar agua constantemente. En la milla 20 motivaba mi cuerpo a que siguiera, pero no me respondía. Sentía mucho frío bajo una temperatura de 40 °F, que son como unos 4 °C. Aunque llevaba sweater y guantes, mis piernas estaban congeladas porque traía un short. Casi a rastras llegué a la meta pensando en mi próximo compromiso: la carrera de 100 millas de junio en Kettle Moraine, Wisconsin.

Esta carrera me sirvió como referencia para entender mi cuerpo mejor y aprender cuánto tiempo tomaba recuperarme de un esfuerzo como el del desierto de Atacama; conocer las condiciones en las que me encontraba y mi nivel de resistencia. Aprendí que debía descansar más. No estaba lista. Acababa de terminar un desierto y mi propia experiencia me mostraba lo que era bueno y malo. Algo excelente era que me dieran masaje. Mi cuerpo lo agradecía por lo que, dos o tres veces al mes, acudía a que sus manos expertas me ayudaran a alinear el cuerpo.

Los zapatos tienen información

Alinearse es algo sumamente importante y puede evitar muchos dolores y padecimientos. El peso y los terrenos irregulares nos hacen perder el balance. Era notorio en el desgaste de mis zapatos. Las pisadas eran diferentes. El zapato derecho se desgastaba más hacia afuera, mientras que el izquierdo lo hacía en medio. Esto lo determina la manera en que funciona el cerebro. Por eso es recomendable observar nuestros zapatos para hacer ajustes y así evitar los dolores de cadera o cintura derivados de pisadas desalineadas.

El quiropráctico me mostró mis zapatos y me explicó que la fuerza de mis pisadas tenía que ver con el desarrollo de los hemisferios de mi cerebro. La parte derecha del mío estaba más desarrollada y ejercía mayor fuerza sobre el lado izquierdo. Lo conocí en 2010 porque sufrí una fascitis plantar, una lesión que afecta los talones. Sentía un piquete muy fuerte en esa parte del pie debido a que el músculo se inflamaba de tanto correr. Todo comenzó con una molestia que se convirtió en dolor. Aun así, no le puse mucha atención hasta que ya no me dejó caminar. Incluso acostada sentía como vidrios que me rasgaban.

En aquel año, en pleno divorcio, el correr me ayudaba a sanar. Pero no me conocía y aumentaba las millas sin saber que, no sólo mi alma sentía dolor, sino que mi cuerpo comenzaba a quejarse por el esfuerzo que le estaba exigiendo sin estar preparada para ello. Para calmarme, metía los pies en agua caliente y tomaba calmantes, pero el dolor era incontenible y me hacía cojear. Visité a un podólogo que me inyectó cortisona directo en el talón. La reacción al tratamiento era tan fuerte que me daba fiebre y me ponía peor cada vez que me inyectaba. Parte de la cura estuvo en hacer plantillas nuevas para mis zapatos. Venía el maratón de Chicago la segunda semana de octubre. Participé a pesar de andar chueca y adolorida, pero me estaba deteriorando rápido. La última vez que me inyectaron, lloré tanto que pensé en no volver jamás, pero corrí el maratón, aunque fuera en muy malas condiciones.

Aquel doctor y sus inyecciones de cortisona me afectaron el músculo y el dolor se me pasó al otro pie. Por esas fechas conocí a una señora cuyo esposo jugaba futbol que me recomendó ir al quiropráctico. Ese consejo se convirtió en una de las más importantes herramientas en mi profesión de corredora. Este quiropráctico, quien ahora es mi amigo, me informó que había abusado de mi cuerpo al aumentar tan rápido las millas y el tiempo en las carreras. Hasta la cadera se me había dislocado. Cinco veces por semana, me aplicó descargas eléctricas en los músculos. Esto mejoró la circulación y la regeneración de los tejidos. Algo que también me ayudó fue escoger los zapatos adecuados. Ni el amortiguador extra ancho para el talón ni los caros Salomon de Francia me funcionaron, pues yo corro con toda la planta del pie.

En cualquier caso, cuando supe lo que me pasaba e hice los ajustes que se me recomendaron, empecé a correr con conciencia, paciencia y tolerancia, pude controlar el dolor y la fatiga. Para las 100 millas siguientes de Ketlte Moraine, me sentía como una mariposa.

Un voluntario para mi corazón

No lo andaba buscando, pero apareció. Mi vida transcurría entre el trabajo, correr y prepararme para los maratones y las largas distancias. Como lo saben, nunca he sido de las que pone mucha atención a los hombres o salir en busca de ellos. Vivía como a dos horas del lugar donde corríamos hasta mi casa en Romeoville. Al principio me perdía así que, apenas terminaba me iba a casa, pero cuando te toca, te toca.

Jeff era muchacho muy participativo que siempre estaba rodeado de gente. Lo vi brevemente en el 2012 durante la competencia de unos amigos en común y fue voluntario en mi carrera de las 100 millas. Me parecía un chico simpático y atractivo, pero mi desinterés y su timidez nos hicieron esperar a que, con el tiempo, aparecieran más señales.

Una chica que estaba enamorada de él y lo observaba más que yo sirvió de cupido. Me dijo que yo le gustaba. No entendía cómo esta muchacha que moría por Jeff sin ser correspondida me empujaba hacia una relación que yo no estaba buscando. Sin embargo, bastó que me dijera que yo también le gustaba para que empezara a fijarme en él.

Como dije, correría mis 100 millas en la primera semana de junio y él era voluntario, así que nos veíamos con frecuencia, pero ni él ni yo hacíamos nada para acercarnos. Un día de mayo hice algo que nunca pensé me atrevería a hacer: le mande un texto por Facebook en donde le decía que me parecía muy lindo. Contestó inmediatamente y, para mi satisfacción, me invitó a salir. A partir de allí fuimos amigos por un tiempo, mientras reaprendía lo que significaba tener pareja. Luego nos hicimos novios formales y después, nos casamos.

La muchacha a la que le gustaba él se molestó y, apenas se enteró, reaccionó con rabia y maldad. Era de esperarse, pero tampoco era mi culpa. Nos gustábamos. Y lo que es del cura va para la Iglesia y Jeff era para mí. La chica que había sido nuestro cupido escribía cosas muy feas. Yo la ignoraba porque he aprendido que hay regalos que no son míos. Su rabia, rencor y molestia no me pertenecían. Luego empezó a insultar Jeff; por lo tanto, nos salimos de los grupos. Seguíamos corriendo, pero no compartíamos con nadie. Sabía que si quería mantener nuestra relación intacta, sin interferencias ni malas vibras, teníamos que apartarnos para fortalecernos como pareja. Ese año del 2013 cerró con cosas muy bellas, pero también me trajo el dolor más grande que jamás había vivido.

Perdí uno de mis grandes amores

Soy impaciente, terca y, a veces, distraída. En esas debilidades trabajo a diario. Y lo que pasó en diciembre de ese año no me lo he logrado perdonar.

Tenía planeado visitar a mi familia en Monterrey. Había escrito una breve historia de mi travesía por Chile y quería que mi abuelo Javier me la revisara. Pensaba que quizás podía ser el punto de partida para escribir un libro. Mi abuelo era periodista y durante toda mi vida, además de ser mi guía y padre intelectual, me ayudó a organizar mis ideas, tesis y escritos, en fin, todos mis proyectos literarios. Esa tarde quedamos en vernos. Llegué apurada y le mostré la crónica. Como siempre, con su amor y su paciencia infinita me invitó a que nos sentáramos a tomarnos un té mientras encendía su computadora. Yo, como siempre, andaba apurada y, aunque apreciaba y necesitaba su ayuda, estaba pendiente de la fiesta de Navidad de los médicos que mi tía presidía. Conocía a sus amigos porque había corrido con ellos en mi comienzo. Estaba emocionada de volver a verlos. Así que le dije:

—Abuelito aquí te dejo este flash drive, revísalo y mañana hablamos.

Trató de detenerme:

—Ednita, son sólo cinco minutos.

Pero yo no tenía tiempo, le lancé un beso y me fui. De la fiesta de mi tía salimos tarde. Esa noche me quedé con ella. Al día siguiente me llevaron a casa de mi mamá para encontrarnos con otra amiga e ir a cenar. Lo normal cuando voy a México: no parar de tantos compromisos. Aquella tarde cuando ya estábamos en la puerta listas para salir nos llamaron del hospital:

—Javier está grave. Sufrió un infarto —le dijeron a mi mamá.

Los detalles los desconozco. Hasta hoy no he querido preguntar. Me duele mucho haberle negado aquellos cinco minutos a mi abuelo adorado y escuchar lo que me quería decir acerca de mi aventura en Chile.

Mi abuelito Javier era un hombre independiente que a sus 73 años se mantenía activo y vivía solo a pesar de su diabetes. Cuando me despedí la tarde de nuestra última cita, lo noté feliz y entusiasmado con el proyecto que estaba poniendo en sus manos. Lo dejé y al día siguiente le falló el corazón. Por fortuna pudo marcarle a mi tío, el médico, antes de caer inconsciente. En el hospital nos dijeron que había tenido dos infartos. Las cosas se complicaron y tuvieron que amputarle una de las piernas para evitar complicaciones en la circulación de la sangre.

Con gran dolor regresé a Chicago. Tenía que trabajar. Aquella Navidad y Fin de Año, mi mamá se la pasó en el hospital. Yo, mientras tanto, rezaba por él, para que se recuperara. Pero no ocurrió. Mi abuelito, Javier Núñez Meza murió el 3 de enero del 2014, un mes después del infarto y de nuestro último encuentro.

—No te volví a escuchar abuelito. Todavía hoy, me duele demasiado no haberte regalado aquellos últimos cinco minutos.

La partida de mi abuelo me enseñó que hay tiempo para todo. Hay tiempo para hacer las cosas y tiempo para que las cosas sucedan. A veces, no tengo las respuestas cuando quisiera. Me impaciento cuando no ocurren como yo deseo. He tenido que cultivar la paciencia, una paciencia infinita para entender el tiempo y sus misterios.

El duelo por mi abuelo fue como un terremoto que me sacudió y me dejó un gran aprendizaje. Su muerte me enseñó a valorar la vida, los encuentros y cada momento.

Contaba con Jeff, quien se convirtió en mi paño de lágrimas y mi soporte. Nos veíamos en las carreras que eran mi distracción y diversión. Empezábamos a construir una relación con raíces muy fuertes porque hacíamos lo que ambos amábamos. Las carreras eran como la vida. Tenían un comienzo y un fin. Te preparabas para ellas, aprendías de ellas, y cuando terminabas, comenzaba un ciclo nuevo y fresco que emprender.

Los ultramaratones son la metáfora de mi vida. Las personas que se han mantenido conmigo, quienes han aceptado la vida que tengo, son las más cercanas a mí. Somos como un árbol al que le nacen hojitas y luego se le caen. Llega gente y se va, pero los que se quedan es porque han construido una fuerte raíz y se convierten en columna vertebral y dan frutos. Tengo amigos que llegan y se van. Tienen un espacio que disfrutamos mientras dura. A veces, siento nostalgia por la hojita que cayó en primavera y la que caerá en verano, pero no me quedo allí. Esa es la vida con sus cambios, misterios y con sus constantes movimientos.

Después de la muerte de mi abuelo entendí que todo era pasajero, que debía vivir cada momento; dejar los miedos y tomar riesgos a pesar de la incertidumbre. ¿Qué más me podía pasar si mi mayor miedo eran las pérdidas y ya las había vivido y superado?

Contar con el amor de Jeff me ayudó a fortalecer esa otra parte de mí en la que me sentía vulnerable. Nuestras citas eran las carreras, encuentros vitales que nos unieron como pareja. Corrimos 14 carreras juntos, una por mes, aunque en verano había otras en las que también participábamos. En otoño le tocó a Jeff probarse en las 100 millas. Ya había corrido 50 millas en 24 horas en Pinhoti, Alabama, un terreno complejo con montañas de 15 mil pies de altura. Estaba listo y yo estaría con él para darle todo mi apoyo y cariño.

Durante mis carreras había aprendido a manejar mi dolor, pero me costaba mucho ver sufrir a Jeff, me dolía todo lo que le pasaba. Creo que eso fue una clave para saber que lo amaba y que, con él, quería pasar el resto de mi vida. Todas nuestras actividades estaban relacionadas con las carreras y fue, justamente, este trabajo en equipo tratando de lograr los objetivos, la preparación y la estrategia lo que nos ayudó a consolidar el amor y la pareja que queríamos construir.

Aquel año transcurrió así entre carreras y más carreras. Nuestro amor crecía en el terreno. Fuera de allí nos veíamos muy poco. Por eso, aquella Navidad del 2014 en vísperas de la llegada del Niño Jesús, mi amado Jeff me despertó con el anillo y una propuesta de matrimonio. Qué alegría y qué sorpresa. No me lo esperaba, aunque fue muy oportuno porque mi familia estaba de visita por las fiestas decembrinas. Estábamos casi todos: mi papá y mi mamá, mi hermana Zailly y su esposo, mi sobrina Rebeca, mi hermanita Yvonne con su novio Juan Carlos quien, dos días antes en el Sears Tower, le había propuesto matrimonio. Aquella Navidad trajo cosas muy buenas, incluido un nuevo proyecto: mi segundo desierto en la China.

Primero el plan era correr en Jordania en abril, Viajaríamos de Chicago a Francia, luego a Egipto y de allí al Jordania, pero la inseguridad y los asesinatos derivados de la presencia de ISIS en Egipto hicieron que una semana antes se cancelara la carrera. La organización no quería arriesgar la vida de nadie. Yo había pagado todo así que me incluyeron en el próximo desierto: Gobi.

En esos días conocí a Blanca Ávila en la Universidad Nacional Autónoma de México. Su esposo, Ocatvio López, era el editor del periódico *Hoy*. Conversando le comenté que me preparaba para correr el desierto de Gobi. Hasta el momento sólo un estadounidense había logrado terminar los cuatro desiertos y yo, la mexicoamericana, me disponía a ser la primera en repetir la hazaña. Gobi sería el segundo. A los pocos días, me entrevistaron. Salí en la prensa y la televisión. A partir de ese momento, completar las carreras de los cuatro desiertos no era sólo un compromiso conmigo, sino con toda la comunidad que me seguía.

Desierto de Gobi, Karakorum, región central de Mongolia, 2015

En el desierto vives con lo mínimo. Caminas y queda lo indispensable. Valoras la simplicidad.

Un camino lleno de diferencias nos llevó al desierto

Gobi significa desierto en mongol. Está situado al norte de China y al Sur de Mongolia. Es considerada una de las zonas desérticas más grandes del mundo. Montañas, estepas, montes, dunas arenosas, vastas mesetas y una inmensa variedad de animales forman parte de este desierto. Al Noroeste, se han encontrado huevos de dinosaurios, utensilios antiquísimos y piedras prehistóricas de más de 100,000 años de antigüedad.

Nos emocionaba emprender esta nueva aventura juntos. Yo iría como corredora y Jeff como voluntario. Ayudaría a los corredores antes de entrar al desierto. Me asistiría y me acompañaría para lograr mis objetivos. ¿Quién mejor que él, que conocía mi espíritu aventurero, que era mi amigo y mi amor? Además, hablaba mandarín porque parte de su trabajo en Chicago consistía en comprar y vender libros de arte asiático. Jeff sumaba recursos. Incluso se convirtió en mi entrenador personal. Por medio de rutinas en el gimnasio y levantando pesas, fortalecí mis músculos y me hice más fuerte. Durante los primeros cinco meses del año me concentré en entrenarme y ultimar los detalles de la inscripción. Haber participado en la carrera de Chile contribuyó a que me aceptaran sin problemas. La maleta ya la tenía lista, sólo que en ella no había ropa de invierno. Lo lamenté luego de enfrentarme a las cambiantes temperaturas de Gobi.

La primera semana de junio partimos a Gobi e hicimos una escala en Beijing después de doce horas de vuelo. De allí volamos a Ürümqi, no podíamos quedarnos dentro del aeropuerto, así que acomodamos nuestros *sleeping bags* en la calle y pasamos la noche juntos a los desamparados de la zona. En Ürümqi nos dimos cuenta que los pobladores no eran chinos, sino kazakhstanos, descendientes de las tribus turcas y mongolas de la zona euroasiática, altos, morenos y musulmanes, quienes no hablaban mandarín. Teníamos mucha hambre y, aunque llevábamos comida seca para el camino, nos aventuramos a probar lo que vendía la gente en la calle. Devoramos el pan árabe. La mañana siguiente tomamos un taxi que nos llevaría a la estación del tren. Iríamos a Hami, un lugar localizado en el oriente de Xinjiang, China.

Por fin llegamos a la estación del tren, igual a cualquier estación en Nueva York o Chicago, pero desordenada y poblada de gente de escasos recursos. Ya en la estación la gente se nos quedaba mirando como si fuéramos de otro planeta. Teníamos que abordar el tren y no sabíamos dónde empezaba ni terminaba la fila para comprar los boletos. Lo que sí notamos era que había gente que se encargaba de comprar los boletos para pasajeros sin que se formaran en la fila. Pero como no hablábamos el idioma, nos mandaron al final de la fila. Eso sucedió varias veces hasta que le pagamos a uno de ellos que nos comprara el boleto a Hami.

En nuestro recorrido nos encontramos con gente de todo tipo. Abundaban las mezclas de culturas. La sensación era la de no ser bienvenidos. Yo, una mujer rara en el ambiente y mi pareja, un blanco como la leche. Además, no hablábamos la lengua, así que, con señas, un poco de mandarín, inglés y español nos hicimos entender.

No fue nada fácil. Nos abrieron las maletas, nos confiscaron comida, una lámpara y una navaja multiusos. Apareció un policía con cara de ruso. Fue peor. Se llevó a Jeff sin explicación mientras yo me aferraba a mi morral y a mi maleta. Quería la navaja. Jeff se la entregó. Era inútil seguir argumentando y no queríamos perder el único tren.

Finalmente, abordamos el tren, comimos barras de granola, tomamos agua y nos dormimos. Cuatro horas después seguíamos en el tren y nos faltaban tres horas más para llegar. Nuestro próximo destino era Hami, un lugar muy sencillo donde los pobladores eran chinos. Jeff, por fin, se pudo comunicar en mandarín. Había un poco más de organización. Vimos niños, mujeres, familias y escuelas, casas, automóviles y un mercadito donde vendían frutas. Sentimos que por fin estábamos en lugar seguro después de la difícil experiencia en Ürümqi. Finalmente, desde la estación donde nos dejó el tren, tomamos un taxi hasta un hotel modesto, pero con todo lo necesario para hospedar a los ultramaratonistas que ya empezaban a llegar.

Salimos un martes. Ya era jueves y estábamos agotados, pero encontrar gente que correrían con nosotros nos devolvió la emoción y la razón del porqué estábamos allí. Nos bañamos, comimos y a dormir.

Una carrera: un propósito: crecer

El viernes nos fuimos a correr. A sólo cinco kilómetros del hotel descubrimos una zona rural con una mezquita. Volvimos a ver a los kazakhstanos que, a diferencia de los chinos, son pobladores son nómadas. Ya de regreso de nuestra carrera exploratoria empezamos a ver caras conocidas. Andrea que venía de Milán, otro amigo estadounidense, un australiano y una sudafricana que había conocido en Chile y con quienes compartía esa camaradería quienes persiguen el mismo propósito. El tipo de fraternidad que se construye en estos viajes es increíble; primero se es conocido, luego compañero, después amigo. Se crea un lazo extraordinario de solidaridad y de afectos donde no hay competencia, sino superación. Creo que es parecido al sentimiento que se genera entre los soldados que van a una guerra. La vida del compañero vale tanto como la tuya.

Claro hay personas que son competitivas como mi amiga Katia, quien se aferraba a ganar y estaba pendiente de los procesos del otro, los alimentos, el entrenamiento lo qué hacían los demás para sumarlo a sus experiencias. A esta amiga me la encontraría después en la Antártida y, aunque había corrido tres desiertos, seguía creyendo que era un maratón. Lloraba o se enfurecía cuando otra mujer le ganaba. Su meta era alcanzar los primeros lugares y cuando no lo hacía, hablaba repetitivamente de los errores cometidos. Yo pienso distinto, para mí, cada desierto es una competencia conmigo misma. Al terminarla, me siento internamente más grande y más sabia. No me comparo con otros. Me mido a mí misma y valoro mi progreso. Correr es algo muy personal y mágico, enriquece mis vivencias y pone a prueba mis recursos: el cuerpo, la mente y el alma. A Katia la apoyaba y la escuchaba un rato. Luego me desaparecía. Me molestaba esa actitud de ver a los otros como perdedores porque ella ganaba; o llorar con rabia por no haber llegado primero. En fin, se aprende de todo y en mi segunda carrera me quedó bien claro que mi única rival era yo misma.

En Gobi repetimos la misma dinámica, después de pasar el punto de control donde se revisaba y verificaba el equipaje para los 250 kilómetros, caminamos hacia el desierto. Nos dijeron que se presentarían drásticos contrastes de nevadas y calor intenso. Me separé de Jeff. Ambos tendríamos funciones muy distintas como voluntario y corredora. Él se movilizaría en carro y ayudaría a preparar los campamentos donde llegaríamos los corredores después de recorrer la jornada diaria de 20 kilómetros.

El cielo estaba cerrado y hacía un frío intenso. Aunque me había entrenado en invierno, no traía la ropa adecuada. Gobi es un desierto impredecible. Helado y caliente. mi maleta preparada para Chile no contenía ropa para la nieve. Me puse mi short, una chamarra y empecé a correr. No había pasado ni una hora cuando se nos vino una nevada inensa. No veía nada y tenía las piernas moradas del frío. Cerca de mí venía Wladimir, el corredor brasileño invidente. Este hombre era una bendición en mi vida. Cuando sentía que me faltaban las fuerzas lo veía y me animaba: "¿Cómo te vas a quejar? Míralo a él que es pura fuerza e imaginación, aunque no vea por donde anda".

¡Qué grande era aquel ser humano luchando contra todas las adversidades!

Seguí avanzando y la nieve se transformó en arena que molestaba y picaba por la fuerza del viento. Allí andaba cuando en uno de los puntos de control vi a Jeff. Descansaba sentado en un carro y me alegró verlo. Sentí la sensación de quererme quedar con él, abrazarlo y arrullarme, aunque fuera un ratito. Pero no, entre corredores y voluntarios no puede haber contacto durante la carrera. De lejos, vi a mi amor entrenándose en esto de hacer cosas distintas, salir de su zona de confort y aprender lo que éramos capaces de aguantar en esta vida que habíamos escogido emprender juntos.

Con gran esfuerzo me adentraba a una zona de montañas, cuando un muchacho asiático se acercó y al ver mi agotamiento, se compadeció y me regaló la galleta Oreo de chocolate, la más rica que había probado en mi vida.

"¡Dios mío, qué cosa más rica!" Pensé en una situación de dolor y cansancio extremo. Aquella galleta me alegró y endulzó el camino que me separaba del campamento. El resto de la semana me tocaría compartir carpa con cuatro asiáticos, dos australianos, un estadounidense y mi amigo Andrea de Italia.

No tenía ropa para el frio, y en la tienda sólo había un plástico que cubría el piso, así que estar afuera o adentro era lo mismo. Yo ya venía empapada. Me quité la ropa y me puse un pantalón y la chaqueta que usaba para dormir, Afuera me esperaba una fogata en donde secaría la ropa para el día siguiente y calentaría mi cuerpo que estaba helado. Quiero recordarles, amigos, que para las carreras en los desiertos llevas lo elemental. Yo por lo general uso shorts porque son livianos. Todo lo que llevas lo tienes que cargar y si traes mucha ropa será tu carga. Lo que hacemos es usar la misma ropa todos los días. La medio lavas, secas y te la vuelves a poner. Nos limpiamos con toallas. No existe el baño diario porque el agua es escasa y la necesitarás para beber. No es muy cómodo, pero es parte del aprendizaje del desierto que te enseña que para cruzarlo hay que aligerar la carga.

Ese primer día en Gobi me dejó agotada. Había corrido muy rápido para ganarle tiempo a la nieve, a la lluvia y al frío. Por fortuna, aquel primer día no hubo viento. Para la cena me preparé un chocolate caliente y comí puré frente a las llamas, donde me senté por un buen rato. Había llegado entre los primeros.

Gobi no era plano como Atacama. Sus salares y su suelo que se rompían como galleta. Gobi, en cambio, era duro, irregular y la tierra era tan dura que si te descuidas y pisas mal te puedes lastimar los tobillos. Dormí a pesar del frío que me abrumaba. Continuaba preparando mi mente para lo que vendría el segundo día. Habíamos subido la montaña, ahora nos tocaba descender.

Cada mañana es la misma rutina. Tomas café o chocolate, comes algo ligero y te reúnes con los organizadores y tu equipo. A las siete de la mañana, emprendes la marcha del día para aprovechar la luz y el buen tiempo. Dos horas después te enfrentarás a un calor de 100 grados. Este desierto era extremadamente cruel. Las temperaturas subían y bajaban en cuestión de horas, congelada o asada de un momento a otro.

Segundo día: rezar para no morir

Caminamos cinco kilómetros y empezábamos a descender, cuando comenzó a llover. Así siguió ocho horas. No puedes hacer nada, no tienes donde refugiarte, caminas o corres según te permita tu fuerza y tu condición. Yo seguía corriendo, pero la lluvia era cada vez más inclemente y se convirtió en granizo que me golpeaba la cara. En vano trataba de cubrirme la cabeza y el rostro con la gorra del impermeable, no podía evitar sentirme como la Magdalena recibiendo pedradas por todos lados sin poder parar aquel ataque del diablo que me maltrataba sin piedad. Si me detenía sería peor, me congelaría, me atrasaría y las piedritas de hielo convertidas en agujas seguirían acosándome.

En estas carreras te aferras a lo que sea para enfrentar los deseos del cuerpo que te ordenan llorar, gritar y decir una vez más:

—¿Qué hago yo aquí? ¿Qué poder tan fuerte puede obligarme a enfrentar este sacrificio voluntario sin aparente recompensa?

Estaba en mi lucha mental contra todo lo que estaba viviendo cuando me acordé del pequeño rosario que mi mamá me había traído del vaticano y que incluí en mi equipaje. En la desesperación por el frío, lo saqué y empecé a pedirle a todos los santos que conocía que por favor me ayudaran a mantenerme en pie hasta el final. Habían transcurrido sólo cinco kilómetros. Me faltaban por lo menos quince y ni mi cuerpo ni mi mente me estaban ayudando. A mi lado venía Mike, un muchacho estadounidense que corría muy rápido. De pronto, apareció otro chico que traía un GPS y nos confirmó que nos faltaban como ocho millas. Yo que creía que estábamos cerca. En mi desesperación empecé a cantar y ellos me siguieron. Sentía que se me acababan las fuerzas. Estaba empapada y congelada. Era la primera vez que experimentaba un frío tan brutal. Las montañas que bajaban y subían te confundían. Imaginas que estás cerca, cuando en realidad aún falta un largo trecho.

Así estuve alucinando. Mis pensamientos ya no eran coherentes. De pronto, escuché la voz amorosa de mi Jeff:

—¡Vamos mi amor!, ¡ya estás llegando!

Quería abrazarlo e invitarlo a la tienda. Nada de eso se podía, pero me consolaba saber que, en unos días, estaríamos en casa compartiendo y viviendo nuestros sueños y alegrías.

Débil, temblando y empapada entré a mi refugio. Allí acostados y dentro de sus sacos estaban Andrea y Kyle, los más duros de esta carrera, quienes habían llegado minutos antes que yo y se recuperaban en sus sacos de dormir. En aquel momento sin fuerzas nada tenía sentido. Yo era un zombi moviéndome de un lado para otro. No podía dejar de hacerlo. Los dientes me rechinaban como si estuviera agonizando. Creo que me estaba muriendo. Sí, aquello era la muerte. El frío insoportable me estaba quitando la razón y lo único que mi cuerpo hacía era temblar. Gracias a Dios, mis dos compañeros que estaban un poquito mejor que yo reaccionaron. Me quitaron la blusa empapada y el short, y como pudieron, me metieron en mi saco de dormir y me dieron unas botellas de agua caliente. Eran mis cómplices, tratando de que nadie de la organización viniera en mi auxilio, porque me descalificarían. Las botellas me las puse en las axilas y en medio de las piernas para recuperar el calor y estimular la circulación. Estaba en medio de una hipotermia, todo me daba vueltas, quería vomitar, pero no tenía nada en el estómago. La vida se me iba y no había nada que hacer, sólo esperar a que el cuerpo se equilibrara. Mientras tanto, sentía que me iba. Todo esto era nuevo para mí. La sensación de estar fuera de control me aterrorizaba y no había nada que pudiera hacer.

En este tipo de carreras, comes muy poco y con el ejercicio consumes demasiadas calorías, eso contribuía a mi debilidad. Durante el recorrido consumía geles, una especie de gelatinas gruesas con mucha azúcar que me daban energía para mantenerme en pie. Me había comido como tres sobres pequeños de unos 20 gramos, pero no eran suficientes para el esfuerzo que estaba haciendo porque en Gobi corría más rápido que nunca en mi afán de superar el frío, la paliza del granizo y de la lluvia.

Allí seguí en mi saco, debatiéndome entre buscar ayuda o morir. Fue entonces cuando mis rezos tomaron el control del pensamiento. No me podía morir. No quería irme todavía. Empecé a dirigir mi mente con la respiración. Mis dos amigos Andrea, Kyle y yo éramos tres moribundos en la misma carpa. Yo aferrada a mi rosario bendito, seguía pidiéndole a Dios y controlando mis pensamientos. Es aquí cuando el dolor y el miedo te vencen. Pierdes la fuerza y la conciencia. Cuando despiertas, estás fuera de la competencia.

Poco a poco, sentía que la sangre empezaba a circular, y aunque seguía sin moverme, recostada luchaba contra los dolores, los mareos, la debilidad y la angustia hasta que me empecé a recuperar. Tomé agua. Me incorporé. Me comí unas nueces y frutos secos y no me morí, al contrario, me sentía bien. Creo que el proceso duró como tres horas. Salí de la tienda y me acerqué a la fogata. Sequé la ropa y estando ya calmada y en control apareció Jeff. No le comenté nada acerca de mi resurrección y de lo que había sufrido. No quería preocuparlo. Después de todo, él como voluntario tenía sus propios retos. Madrugar para tener todo listo para los corredores, moverse de un lado a otro en camioneta e, igualmente, sufrir las dificultades que te imponen los desiertos.

Me hice una sopa de sobre y me preparé para el día tres en que descenderíamos hacia los cañones. En el centro de las montañas estaría caliente. Como soy de Monterrey, mi cuerpo está acostumbrado al calor. Siempre me entrené en temperaturas muy altas. Estaba contenta sólo de pensar que saldríamos de las gélidas temperaturas que la noche anterior casi me matan. Nos despedimos y me fui a descansar. El día tres significaría nuevos retos.

Tercer día: te caes, te limpias y te vuelves a levantar

Comencé mi día como los otros. Reflexionando acerca de lo que había vivido, pero celebrando que hacía calor. Mi cuerpo lo agradecía, mas no habían transcurrido cinco kilómetros, cuando me caí. Es fácil que esto ocurra porque el terreno es duro y tan irregular que a veces el pie se te enreda entre las rocas. Trataba de correr lo más rápido que podía para superar aquellos terrenos tan poco amigables y por eso me caí. Me detuve un rato y vi mi rodilla llena de sangre y de tierra. Me eché agua y seguí.

No se puede quedar uno contemplando la herida del día. Continué mi carrera. Cada vez estábamos más cerca de la meta. A lo lejos veía como mis compañeros se detenían a tomar fotos de las montañas impresionantes y yo pensaba: "Bueno, ya me las enviarán. No ando de turista".

Mi meta era superar el terreno. Llegar antes de que el calor me derritiera. A lo lejos conté cinco pinos que no daban sombra. El resto del paisaje lo constituían montañas y un suelo inclemente lleno de rocas. De pasada vi una cara conocida, era Mary Gadams que me animaba:

—¡Dale, amiga, ya vas a llegar! Te faltan sólo cinco kilómetros.

Qué alegría, aquel desierto color ladrillo, fuerte y cruel ya no me asustaba, a mi manera lo estaba controlando y me quedaba una gran ganancia: la fuerza que había desarrollado con el dolor de cada caída y al superar mi angustia ante lo desconocido. Yo creo que ante la adversidad es cuando más me conozco. No pensé que sobreviviría Atacama. Perdí mi maleta y me quedé sin nada. Lo perdí todo, ¿recuerdan? Gracias a la solidaridad de muchos, pude cumplir mi propósito, pero no sin antes pasar vergüenzas, llorar, tocar puertas, crecer y sobrevivir. Repito los desiertos son un campo de batalla que, al igual que la vida, te ponen obstáculos que vas superando y, al hacerlo, te vuelves más fuerte. Creces, y te preparas para lo que viene donde sobrevivirá sólo el que esté más preparado o el que necesite menos.

En los desiertos cada vez sientes que necesitas menos. Si yo no hubiera tenido estas experiencias de vida y muerte no hubiera logrado crecer internamente. La vida es un viaje en donde experimentas y mientras más vives, más creces. Por eso, agradezco las cosas que he escogido vivir. Me hacen sentir plena y eso es lo que trato de compartir en este libro.

Terminé el tercer día con mis rodillas destrozadas, pero con el corazón contento y fuerte. Ya estaba a la mitad del recorrido. Entré a mi carpa que era un horno. Lavé mi ropa. La puse a secar. Y de nuevo, llegó el dulcecito del día: Jeff con su carita roja y feliz a decirme que lo estaba haciendo muy bien. Que ya era primera en mi categoría y estaba alcanzando los primeros lugares junto a los hombres. Jeff y yo comimos junto a la fogata y nos fuimos a descansar cada quien por su lado. ¡Qué pena! ¡Cómo me hubiera gustado compartir mi saco de dormir o al menos la carpa con él! Pero eso no se podía. Él voluntario, yo corredora.

Cuarto y quinto día y la marcha larga:
a cocinarnos en centro del cañón.

Visualicemos la base de un cañón: imagínense una montaña con su parte baja, su pico y de nuevo otra parte baja. Este desierto es así. Subes y bajas hasta que llegas a una parte que llaman los cañones. Es la parte baja, plana y rocosa cuya longitud es de unos 30 kilómetros. El cuarto día se trataba de ello. La parte plana es la más caliente del desierto. Es como un hueco que el sol calienta de manera directa. Allí las temperaturas pueden alcanzar más de 100 °F. En ese hueco acampamos.

Igual que por razones del frío, tratamos de aprovechar las primeras horas de la mañana y avanzar antes de que se volviera imposible por las altas temperaturas. Después de la reunión matutina, emprendí la marcha. Ya a las siete estaba en el terreno corriendo lo más rápido que me permitían las piernas, pero con cuidando de no volverme a caer. Para entonces me di cuenta que andaba entre los primeros quince corredores.

En este tipo de terrenos uno trata de avanzar lo más que se pueda antes del mediodía. Cuando las altas temperaturas te deshidratan, ya no puedes correr, sino que caminas. Así estuve concentrada en el camino y analizando, como quien ve una película por segunda vez, lo que me había tocado vivir en mi segundo día y cómo, aquella experiencia brutal me daba más fortalezas y estaba empujando a mi cuerpo más allá de lo que había imaginado.

Amigos, hago una pausa aquí para volver a lo que ha sido una reflexión constante en este relato. En las dificultades creces. En el dolor te haces fuerte. Las cosas triviales que vivimos a diario en un momento de necesidad se vuelven extraordinarias. El queso parmesano que me regaló una corredora italiana amiga de Andrea, mi compañero de tienda, quien repartía su queso entre los que estábamos, y yo decía:

—¡Dios, como puede existir algo tan maravilloso!

Aquel queso saladito y duro iluminó aquel momento. Jamás había probado un queso parmesano como aquel. El quesito con su sal me ayudaría a prepararme para la marcha larga, que como saben, son los últimos dos días cuando ya no paras y deberás cubrir 75 kilómetros en 24 horas o menos. Algo tan sencillo como un pedazo de queso en medio de tanta adversidad era una bendición.

Estaba agotada, pero cada vez me faltaba menos. Al principio, caminaba sola lo que me gustaba porque me permitía concentrarme, pero llegó un momento que al igual que en las películas, veía un oasis que no existía. De lejos aparecía y desaparecía un lago cristalino en medio del candente sol. Trataba de concentrarme para no confundir lo real con lo imaginario, pero, sobre todo, para no perderme porque puede ocurrir que te distraes y te sales de la ruta a pesar de las banderas rojas que aparecen cada 3 kilómetros y que te dicen que estas en el lugar correcto.

Justo cuando empezaba a angustiarme, vi la banderita ondeando que me indicaba que iba bien y escuché los pasos de alguien que se acercaba. Era un muchacho japonés de unos treinta años que hablaba perfectamente español. Me faltaban veinte kilómetros de los setenta y cinco que debía cubrir en 24 horas. Su compañía lo hizo todo más fácil.

Me contó que cuando era adolescente había vivido con sus padres en Colombia en donde tuvo una novia. Hablamos de las diferencias de culturas y cómo, a pesar de ellas, pudo mantener una relación con su colombiana hasta partir. Siguió su amor en la distancia. Con los años, regresó a buscarla y se casaron.

Esta historia ahora resumida, en el desierto, contenía emoción y detalles que se convirtieron en motor y aliado que nos empujaba y mantenía firmes en el camino. Las distancias parecían acortarse debajo de nuestros pies adoloridos. Hablando y compartiendo llegamos mucho antes de lo previsto, hice el camino largo en 13 horas. ¡Qué barbaridad!

Cuando vi la línea de llegada pensaba que era otro espejismo, que me lo estaba imaginando. No, no era. Había terminado la marcha larga y me convertía, sin proponérmelo, en la primera mujer del grupo en lograrlo. Detrás venía Katia, ahora tendría que aguantarme sus argumentos y excusas sobre el por qué yo, otra mujer, y no ella, había alcanzado primero la meta.

Llegué a mi tienda y ya se sentía más fresco. Me quité los zapatos y mis pies estaban horribles. Tenía ampollas debajo de las uñas. ¡Qué dolor sentía! Era como si todo el cansancio y las molestias explotaran por las uñas de mis pies que ahora tenían permiso para gritar tan fuerte como quisieran. Atender mis ampollas era mi prioridad, pero de pronto un torbellino de arena se levantó y se metió dentro de la carpa. Temía que la arena se me metiera en las uñas así que me acosté. Era tarde así que pensé que no vería a Jeff porque estaba ocupadísimo sirviendo de traductor entre los chinos y la gente de la organización, pero, para mi alegría, se detuvieron en nuestro campamento a tomar agua y pude verlo cuando se acercó a mi tienda.

No sé qué me pasó, pero al igual que mis pies explotaron, yo me di permiso para llorar. Lo abracé y le mostré mis pies destrozados, mi rodilla, mis piernas que me ardían por el esfuerzo. Le conté lo que me había pasado el segundo día que estuve a punto de morir de hipotermia. Se compadeció primero, mientras me consolaba, pero después me reclamó que por qué no lo había llamado:

—¡Si te hubiera llamado me habrían sacado!

Le dije entre sollozos y seguí llorando como niña el confort del abrazo de su padre. Allí estuvimos un rato hasta que me calmé. Nos despedimos y me fui a dormir. Al día siguiente descansaría mientras el resto de los corredores terminaba la carrera. Era viernes ese último día que caminas hasta la meta final, ubicada a sólo 5 kilómetros de nuestro campamento. Me tomé todo el tiempo que pude porque me dolían los pies por las ampollas que crecían debajo de las uñas y me impedían moverme más rápido. Salí a las siete. El calor a esa hora alcanzaba los 90 °F. No había nada para meterse a refugiarte del sol. Así que caminé rápidamente y cubrí el resto de la carrera. Como no había nada que produjera sombra, me puse debajo de una piedra grande para ver si me protegía de aquel sol inclemente. No pasó mucho tiempo cuando a lo lejos vi cómo se formaba una especie de pared de arena que amenazaba con llevarse las carpas y todo lo que encontrara a su paso. Tenía que buscar mis cosas antes que el viento se llevara ropa, comida enceres y todo. Llegué justo a tiempo antes que el viento y la arena arrastraran con mis cosas. Aquello era como un tornado. De pronto, se escucharon las alarmas. Teníamos que protegernos. Ponernos pañuelos en la cara y la cabeza. Juntarnos para formar una muralla con nuestros cuerpos. No había escapatoria. Estabas desamparado, expuesto a la fuerza del viento y la arena que seguía golpeando con furia. Teníamos los brazos abiertos formando una cadena. La tormenta no cesaba. Así pasamos como tres horas hasta que las autoridades del gobierno chino vinieron a rescatarnos. Nos sacaron en autobuses. Atrás dejamos aquel desierto inhóspito e inhumano que me había maltratado, pero a quien yo le había ganado.

Una vez en el hotel, metí los pies en agua caliente, me corté las uñas y cuidé de mis ampollas. Esto me había ocurrido por el cambio tan violento de temperatura sumado al encierro y el esfuerzo tan enorme al cual había sometido a mis pies. Regresé a Chicago. Me tomó dos meses recuperarme.

Un encuentro lleno de sorpresas

Cuando corrí Atacama, al día siguiente me reincorporé al trabajo; con Gobi no pude hacerlo sino hasta después de una semana. Me había deshidratado. Estaba demasiado cansada. Terminé la carrera y regresé a Chicago el 13 de junio. Al día siguiente, me invitaron a un programa de radio porque la carrera que acababa de terminar era noticia. Salí en los diarios latinos y luego, mi amiga Claudia Rodríguez, quien trabajaba en aquella estación con el periodista y locutor Vicente Serrano y Martha Medina, me invitó a que compartiera mis experiencias como ultramaratonista. Era la primera mexicoamericana en hacer aquella travesía y además ocupar uno de los primeros lugares. Esta nota ya había aparecido en *Hoy*, el periódico local. Pero todavía había mucha tela que cortar. Así que estuve en la radio con Vicente Serrano y su equipo. Luego Raiza Mendoza, Leda Santodomingo y Martha Medina me invitaron a otro espacio patrocinado por Gift of Hope, el 17 de junio, lo recuerdo porque era mi cumpleaños. Conocer a Leda Santodomingo y a Raiza Mendoza me abrió muchas puertas. Leda me motivó a escribir mi historia y gracias a Raiza me convertí en la imagen latina de Gift of Hope. Esta organización patrocinaría mi viaje al tercer desierto en África.

Desierto de Namibia, Skeleton, Coast Africa, 2016

No me gusta que los días sean iguales. Alcanzo el objetivo y empiezo a planear

Ahora sí, corramos juntos

Después de Gobi empecé a planear mi próximo reto y aventura. En el 2016 estaba lista para correr el desierto en África, pero antes debía resolver algunos asuntos personales con mi pareja. Quería saber si dentro de los planes para ese año también estaría casarnos.

Descansé julio, agosto y, en septiembre, nos registramos para las 100 millas de Woodstock en Michigan. Sería la primera vez que correría con mi novio. Yo esperaba medir la reacción de mi cuerpo después de la crueldad de Gobi, pero, además, quería descubrir si podía estar con el hombre que amaba durante 24 horas recorriendo una distancia que demanda paciencia, solidaridad, resistencia y mucho amor. Lo he dicho otras veces, en mi vida como ultramaratonista he descubierto que correr es como la vida, te pone obstáculos y en cada uno debes encontrar las respuestas, sobreponerte, tolerar las complicaciones, aprender y seguir. Ahora quería probar si este proceso era posible compartirlo en pareja.

Una competencia local era perfecta, Se le conoce como

la carrera del amor y de la paz y tiene lugar en medio del festival de Pinckney, en Michigan. Sería una prueba de fuego para ver si podíamos compartir lo que más me gustaba. Finalmente sabría si nos íbamos a entender y podríamos ser compatibles para casarnos y seguir creciendo juntos como pareja.

Jeff había estado conmigo en Gobi como voluntario, pero no tenía el compromiso como corredor ni había hecho el esfuerzo que me tocó a mí como competidora. Ahora los dos tendríamos que enfrentar las mismas situaciones en una distancia que exigía un gran esfuerzo. Esto sería un experimento que me daría las respuestas acerca del hombre que aspiraba a que fuera mi compañero de vida. Una cosa es comprometerte tú y otra es arrastrar a la persona que amas contigo. Muchas parejas tienen profesiones distintas y hacen sus vidas juntos sin ningún problema, pero nosotros los ultramaratonistas tenemos que contar con el otro para cumplir con nuestro propósito. Yo quería que mi novio sintiera en su cuerpo, en su cabeza y en su alma lo que significaba enfrentar una ultradistancia, aunque fuera una sola vez conmigo. De esta manera, podríamos descubrir si seríamos compatibles. Si me quería, tendría que incluir la locura de ser una ultramaratonista; ese punto, como lo saben, no era negociable.

Nos registramos en agosto para nuestra carrera de amor y paz, donde compartiríamos con hippies, rockeros, personas libres y nada convencionales de todo el mundo. En este festival se ofrecen carreras para todos 5, 10, 50 y 100 millas. Corres al compás de las bandas de rock que no paran lo cual le da al terreno un ambiente muy especial. Te sientes como si retrocedieras al pasado. Pantalones acampanados, flores en sus cabellos largos y caras siempre sonrientes como perdidas en el espacio te llevan a otra época. Son tres días alucinantes, donde incluso hay quienes corren como Dios los trajo al mundo. La verdad es que es una carrera bellísima y muy relajada. El organizador es un atleta de la década de 1960 y disfruta recordando y trayendo al presente lo que fue esa época de libertad, paz y amor.

Desde el jueves preparamos toda la comida en envases de plástico. Cosas ligeras que contenían los nutrientes necesarios: sopa, pasta con tocino, ensaladas, papas y algunos *snacks* que nos mantuvieran durante la carrera que comenzaríamos a las cuatro de la tarde del viernes y terminaríamos 30 horas después, a las diez de la noche del día siguiente. La carrera que me demostraría si Jeff y yo podíamos seguir juntos como pareja.

En silencio. Juntos, pero no revueltos

Por ser una carrera tan demandante, los participantes van en silencio. No platicas. Cada quien va en su mundo, pero como íbamos en pareja yo trataba de apoyarlo:

—¿Cómo vas? ¿Tienes agua? ¿Quieres parar?

Le preguntaba y él, fuerte y orgulloso, me contestaba con la cabeza sí o no. Así continuamos al mismo ritmo estableciendo nuestro propio paso: trece minutos por milla. El terreno era sencillo comparado con los caminos que ya había recorrido en los desiertos. Este era un bosque y mientras corríamos veíamos cómo nos pasaba la gente que iba más rápido que nosotros. Yo, acostumbrada a las ultradistancias, sabía que un maratón se trata de paciencia y concentración.

Si te apuras, te agotas y dañas tu cuerpo. Tienes que administrar la energía en el tiempo. A las cuatro de la tarde ya íbamos en la milla ochenta, pero el cansancio y el sueño nos tumbaba. Tomamos agua y seguimos por un buen rato hasta que empezó a oscurecer. Entonces, decidimos parar cinco minutos para tomar sopa y los macarrones que habíamos preparado. Todo sabía a gloria. La comida nos animó, pero comenzó a llover y tuvimos que protegernos con unos ponchos que nos incomodaban, así estuvimos subiendo y bajando colinas tratando de no distraernos porque con el agotamiento se te doblan las rodillas y puedes resbalar y caer.

Esta carrera fue rápida. La hicimos en 28 horas. Uno de los mejores tiempos en cien millas. Estábamos felices. Al fondo se escuchaba la música estruendosa del rock. Para mí, eran sonidos de victoria. Recuerdo que cuando estábamos entrando escuchamos la canción "Funky Music" del grupo Wall Cherrys. Quería llorar, reír, gritar, todo al mismo tiempo. Estaba en éxtasis. Habíamos llegado a la meta juntos. Con esto se cumplía otro sueño: correr a lado del hombre que amaba. Era perfecto, me aceptaba en mi dolor, en mi mal humor, en mi cansancio, demasiadas emociones que ahora estábamos compartiendo de igual a igual. A partir de ahora, con la piel desnuda por todo este esfuerzo, nos reconocíamos como dos personas con muchas cosas en común. Él también lo sentía, estaba súper contento. Nos abrazamos. Habíamos superado nuestra primera crisis en pareja, Habíamos aprendido a manejar las emociones que se nos presentaron durante la carrera y ahora salíamos airosos a enfrentar cualquier adversidad. Parecíamos estar listos para todo lo que surgiera de ahí en adelante. Recuerdo que nos caímos. Él en la primera vuelta y yo en la segunda. Caerse es entrar en más complicaciones durante el camino. Estás agotado y malhumorado. Entonces te levantas, animas al otro, lo escuchas y sigues.

Ajustarse a los cambios después de la ultradistancia

Llegué en el tercer puesto en mi categoría; recogimos el trofeo, cenamos y nos fuimos a descansar en la habitación de un hotel cercano. En la noche a Jeff le dolía todo. Se quejaba en medio del sueño profundo en el que se encontraba. Parecía que estaba en medio de una pesadilla donde lo torturaban, Era resultado del esfuerzo que habíamos hecho. Como pude me levanté y salí a buscar las medicinas que habíamos dejado en el auto. Se despertó y le expliqué que estaba alucinando. El Ibuprofeno lo aliviaría. Al día siguiente le ofrecería otras soluciones para aliviar el dolor.

Después de correr distancias largas, me meto en el *jacuzzi* con presión y agua caliente para reparar las células muertas de los músculos y para que haya mayor circulación de la sangre, e liminar el ácido láctico acumulado. Una vez en la cama, subo las piernas y la circulación cambia de rumbo. Cuando estás en posición horizontal, después de permanecer de pie por tantas horas, sientes como si te pellizcaran. Esto se debe a que, con los diferentes ritmos y posturas, cambias la velocidad y el recorrido de la sangre. Ahora que te detienes, ya no le estás demandando tanta energía, la lentitud de la circulación produce dolor. Al poner las piernas hacia arriba, paulatinamente cambia la dirección de la sangre y el cambio también duele.

Los masajes con aceites ayudan. Debes hacer todo lo posible para volver el cuerpo a la normalidad. Si no, le haces mucho daño que a largo plazo le afecta. Lo mismo ocurre con la comida. En una ultradistancia, si comes mucho, la sangre trata de concentrarse en el aparato digestivo para procesar los alimentos y te quita energía que necesitas para mantener la fuerza en los pulmones y en el cerebro. Te cansas más rápido e incluso hay gente que se marea y se desmaya. Si le das mucho trabajo a la digestión, no aguantas. La energía debe concentrarse en lo más importante: la respiración y la circulación.

Es un asunto de experiencia. Mi cuerpo sabe que lo voy a someter a muchas horas de ejercicio constante y que después voy a parar para que se recupere con hidratación y nutrientes. Cuando corro, como estrictamente las calorías, las grasas y los líquidos en proporciones justas y necesarias. Por fortuna, no sientes hambre, sólo fatiga por el consumo tan brutal de energía.

Esto es lo básico y cada quien es diferente. Estos los últimos 20 años han sido de experimentación y observación de lo que me funciona. Hay libros que te guían, pero no pueden decirte que son la forma correcta. Lo que sé, es que después de cada ultradistancia me tengo que recuperar con los nutrientes, las bebidas y el tratamiento necesario para mi cuerpo. Luego, observo cómo reacciona antes de enfrentar otro reto. Esto es lo que he aprendido con los años y he ido ajustándome a lo que me funciona. Eso es fundamental: adaptarte a los cambios y a tus necesidades.

El maratón fue el primer fin de semana de septiembre. En octubre, luego de tres semanas de recuperación, me preparé para el maratón de Chicago. Una distancia corta y muy rápida, donde participan atletas que hacen las 26 millas en menos de tres horas. Es un gran logro, pero no es mi estilo. Lo mío son las distancias largas. Corrí ese maratón para seguir probándome en todos los terrenos posibles y entender el mundo de los corredores en todos los niveles y terrenos. Para el año siguiente vendrían nuevos planes. Ayudaría a Jeff en su proyecto personal: The Chicago Golden Gloves, un torneo nacional de boxeo amateur. Me prepararía para correr mi tercer desierto y, tal vez, haríamos oficial nuestro compromiso.

Gift of Hope: corriendo por una causa

Desde que conocí a Raiza Mendoza, la incansable venezolana promotora de la donación de órganos, ella y su organización se convirtieron en parte de mi vida. Estuve en la prensa, radio y televisión. Me convertí en la imagen dispuesta para educar a los latinos a conocer más sobre la importancia de donar vida después de la muerte. La organización me patrocinaría el tercer desierto y, orgullosamente, llevé el mensaje y el logotipo de Gift of Hope para mostrarle al mundo la importancia de salvar vidas. Con esta nueva misión, sentía que, además de hacer lo que amaba, mis aventuras cumplían un propósito mayor.

Durante los meses de invierno me concentré en entrenar para Namibia que sería en mayo, así como en promover la donación de órganos, una de mis nuevas tareas al lado de Raiza Mendoza. Hacía historias relacionadas con la donación, sin dejar mi trabajo de ocho horas en la empresa de alimentos. Fueron días agotadores de enormes exigencias para mi mente y mi cuerpo. Varias veces sentí deseos de tirar la toalla y revisar mis objetivos. Por fortuna, conocí gente muy especial que me apoyó con su amistad para seguir creciendo personal y profesionalmente. Justamente en esos días se me ocurrió preguntarle a mi pareja cuándo nos casaríamos. Era una formalidad, ya tenía el anillo y vivíamos juntos, pero quería hacer esa unión algo oficial con el hombre que significaba todo para mí.

Tenía el anillo y quería celebrarlo

El 14 de febrero, día de los enamorados, salimos a correr en medio de una enorme nevada y así, sin pensarlo mucho, le dije:
—¿Mira, que cuándo nos vamos a casar? Todo este año será de puro trabajo y entrenamiento. Es tiempo de ponerle fecha.
No se mostró sorprendido. Me dijo que escogiera el día. Estábamos de acuerdo en que sería algo muy sencillo que reflejara lo que éramos nosotros. Mi primer matrimonio había sido sólo por el civil, sin amigos y sin amor; este matrimonio, por el contrario, era exactamente como lo deseaba. Así que le lancé la pregunta y escogimos el 3 de julio, un día antes de la independencia de Estados Unidos, para que pudieran venir todos nuestros amigos. Antes nos iríamos al África, si lográbamos sobrevivir.

Mi vida era una constante agitación. Entraba al trabajo a las cuatro de la tarde y salía a las tres de la madrugada. Dormía y a las 11 de la mañana entrenaba un par de horas para Namibia en mayo. Los fines de semana, nadaba e incluía más horas en mi entrenamiento. Los pocos ratos libres que quedaban, los dedicaba a organizar la boda. Estaba tan estresada que me quedaba dormida en todas partes. De regreso a casa, choqué mi auto dos veces. Sabía que tenía que parar, pero no podía. Todo era importante.

Entrenar en esos días significaba un esfuerzo enorme porque vivía en una de las ciudades más frías y ventosas de los Estados Unidos. Los meses previos a la competencia eran justamente los más fríos. En medio de condiciones climáticas extremas, le pedía demasiado a mi cuerpo. Me conocía. Estaría lista para el momento de la competencia, pero el proceso era un suplicio. Necesitaba demasiada fuerza de voluntad. Estoy hablando de correr dos o tres horas diarias a 5 °F (-15 °C), con exceso de ropa, en medio de tormentas de nieve. A veces, frente al lago que es un lugar helado; otras en los bosques de los suburbios, donde es menos frío por la presencia de los árboles, pero hay que superar un terreno irregular, cubierto de nieve.

Cuando te preparas para una ultra distancia debes combinar los ejercicios para fortalecer todos los músculos y no son sólo las piernas, también los brazos y la espalda, el abdomen que es el centro de la fuerza del cuerpo. A las carreras y caminatas rápidas, les agregaba boxeo, Jeff me entrenaba en su escuela y, además nadaba. La natación me ayudaba a fortalecer los brazos, la espalda y las piernas. El boxeo me servía para desarrollar los músculos del abdomen. Fortalecía el soporte de todo, subas, bajes o respires, todo se apoya en esos músculos.

No sé de donde saqué la fuerza para cumplir con todos los compromisos que me abrumaban. Era el deseo de alcanzar esta nueva meta. Me sentía fuerte y con más ganas porque ahora contaba con el apoyo económico de una fundación. Me gustan los retos, las partes complicadas de mi vida. Necesito esforzarme y luchar. No me gustan los días iguales ni el confort. Una vez que alcanzo el objetivo me siento feliz, pero inmediatamente empiezo a planear lo que sigue. Creo que eso fue lo que me empujaba para no detenerme. Durante febrero, marzo y abril, lo único que quería era dormir. No veía familia ni amigos. Entrenaba, trabajaba, dormía cuando podía. Por fortuna, Jeff me cuidaba, me cocinaba, lavaba la ropa. Todo en casa lo hacía él. Mientras yo, intentaba administrar el tiempo que quedaba al llegar a mi casa.

Fue precisamente la madrugada antes de viajar a Namibia que me accidenté por tercera vez. Ya no era mi auto el único que estaba en el taller, sino el de Jeff. Ocurrió un martes al salir del trabajo de madrugada. Apurada para ver si podía dormir unas horas antes de irnos al aeropuerto a las siete de la mañana. Nuestro vuelo estaba programado para partir a las nueve rumbo a Nueva York. Yo venía desde Elgin en los suburbios hacia mi casa en Chicago, cuando sentí que el carro comenzó a temblar:

—¡No, Dios mío, que no sea una llanta!

Hacía un frío terrible y no había un alma en la autopista. No podía creer lo que me estaba pasando esto. Como pude, acerqué el auto hacia la orilla y descubrí que, en efecto, la llanta estaba sin aire, muerta. Viajaríamos en unas horas y aquí estaba yo, paralizada y abandonada en la autopista.

Llorando como loca llamé a Jeff para explicarle lo que me estaba pasando. Sabía arreglar llantas, pero no era el momento ni el lugar para poner en práctica el conocimiento de mecánica que me había compartido mi padre. Estaba oscuro, hacía frío, era peligroso buscar ayuda en medio de la autopista. Jeff intentaba consolarme mientras buscaba la mejor solución. Teníamos seguro de grúas así que los llamaría y en cualquier momento aparecerían para ayudarme.

Pero no aparecieron sino hasta la mañana cuando ya estaba agotada de tanto llorar. Me dolía la cabeza, el estómago y el alma. Nuestro vuelo se fue sin nosotros.

Llegué a casa hinchada de llorar, después de pasear por un largo rato arrastrada por la grúa dentro de mi auto, buscando quién reparara la bendita llanta. Jeff hacía su parte, intentaba explicarle a la aerolínea lo que nos había pasado mientras buscaba otro vuelo que nos permitiera conectar al día siguiente con el único avión que salía para Johannesburgo. ¿Quién cree la historia de la llanta ponchada? Nadie. Bueno, a nosotros tampoco nos creyeron, así que en medio de un gran dolor le dije a Jeff:

—Ya no voy, estoy agotada.

Perderíamos todo, conexiones, reservas, mi viaje al tercer desierto: todo.

—Vete tú —le dije en medio de mi angustia mientras Jeff trataba de calmarme.

—Descansa un rato, déjame que yo me ocupe.

A la una de la tarde llegamos al aeropuerto, había lugar para uno sólo, pero Jeff insistió tanto que nos metieron a los dos. Así partimos rumbo a Nueva York donde pasamos la noche. Al día siguiente, saldríamos a Johannesburgo. Volaríamos todo el día para amanecer en Namibia el viernes, revisar todo y comenzar el ultramaratón programado para el domingo.

Nuestro cuerpo estaba loco por los cambios de horarios y las 50 horas de viaje. No había mucho tiempo para recuperarlo durante las pocas horas antes de irnos a dormir.

Compramos agua para empezar la jornada. Una vez allá no es recomendable tomar cualquier tipo de agua. Puedes enfermarte. Hay muchas enfermedades en estas zonas, algunas a consecuencia de los insectos o por falta de agua potable.

Me habían sugerido que me vacunara, pero no le quería meter más bacterias a mi cuerpo, temía que la reacción fuera peor, así que a pesar de las amenazas del zika que estaba matando a cientos de personas nos fuimos sin vacuna. No pensé mucho en ello. Esa noche tratamos de relajarnos y envolvernos en la euforia y alegría que caracteriza este tipo de eventos. Comimos rico en un restaurante dentro del hotel y aprovechamos para saludar a los amigos.

El hotel estaba ubicado en un pintoresco pueblito donde se siente una influencia alemana, aunque Namibia fue parte de Sudáfrica y se independizó a comienzos de la década de 1990. La gente de Windhoek, capital de Namibia, vive fundamentalmente del turismo mundial, pero especialmente del europeo y estadounidense a los Safaris. Biólogos y exploradores, amantes de la zoología y, en menor cantidad una o dos veces al año, grupos de corredores como nosotros, que forman parte de la organización Racing de Planet encargada de llevar a cabo ultramaratones en los cuatro desiertos ayudando a la economía de esos lugares empleando a los pobladores para montar la infraestructura que implica esta aventura.

Desierto de Namibia, Parque Nacional Namib-Naukluft, 2016

SI NOS LIMITÁRAMOS A ENFRENTAR EL DÍA A DÍA CON FE EN QUE TENDREMOS LOS RECURSOS PARA RESOLVER NUESTRAS NECESIDADES, LA VIDA SERÍA MÁS SENCILLA

A empujones llegué a Namibia

Mal dormida, agotada física y mentalmente comencé mi tercer desierto. Nunca antes le había exigido tanto a mi cuerpo. No era sólo el entrenamiento. Era el trabajo y la presión social que ahora sentía. Esta carrera ya no era una meta personal, íntima y privada. Sentía que mis miedos, triunfos y derrotas estaban siendo observados.

Nos levantamos, desayunamos y Jeff me animaba. Yo trataba de contagiarme del entusiasmo de los corredores, unos con experiencia otros, en excelente forma, pero novatos corriendo distancias largas como la de Namibia. Me despedí de Jeff quien sería voluntario nuevamente. Me subí en el camión que nos llevaría hasta el punto de partida. Sentada a mi lado estaba mi amiga Ana de Bélgica con quien he compartido muchos momentos de silencio. Ella me encanta porque es una corredora muy seria. Habla poco, pero cuando lo hace reluce su sabiduría. Me vio y me preguntó si estaba lista. Con la cabeza y una sonrisa a medias le contesté que sí. Me recosté en la ventanilla. Cerré los ojos y empecé a llorar. Así me quedé dormida. A ratos despertaba y escuchaba a los corredores eufóricos hablando de sus entrenamientos y tiempos. Algunos participaban por primera vez. Yo los escuchaba, pero no intervenía. Me quitaba energía, estaba tan cansada que prefería quedarme en silencio analizando el porqué me ponía metas tan altas, por qué lograr lo que tanto amaba se me hacía tan complicado y qué intentaba probar con tanto esfuerzo. Todavía me lo cuestiono.

Así medio dormida, trataba de identificar las personalidades de quienes serían mis compañeros de viaje. Los más jóvenes y novatos por lo general hablan mucho. Suelen ser muy optimistas y, a veces, hasta prepotentes. Yo los escucho y luego veo cómo se desenvuelven en la carrera. Es otra manera de aprender. A veces, pensamos que los más atléticos y musculosos o los más delgados tienen mayores probabilidades de ganar, pero mi experiencia me ha enseñado que esta es una competencia muy diferente. Aquí se trata de poner a prueba la resistencia, la madurez e inteligencia para manejar los recursos y controlar la mente cuando está inquieta porque el cuerpo está herido o cansado. Transcurrieron dos horas. Cuando desperté ya estábamos en el campamento desde donde saldríamos al día siguiente rumbo a la costa que bordea el océano Atlántico.

Namibia está localizado al Sureste de África en las costas de Angola. En los siete días que duraría el recorrido me tocaría correr o caminar a lo largo de la playa. Las temperaturas, al igual que en Gobi, subían y bajaban radicalmente, sólo que este frío era húmedo. A diferencia de con los otros desiertos, leí mucho antes de llegar a Namibia. Sabía que me enfrentaría a dunas enormes. Subir montañas de arena no es lo mismo que con las de piedra. En Gobi había superado altas cumbres de terrenos áridos y duros. En Namibia sentía temor de hundirme y desaparecer en medio de las suaves e inmensas dunas que formaban el desierto.

Nos distribuyeron en grupos. Éramos nueve en cada carpa: dos muchachos de Australia, cuatro japoneses, entre ellos uno de los mejores corredores de distancias largas del mundo, otra chica, un estadounidense, un muchacho de Hong Kong y yo. Esa noche como es la costumbre, nos organizamos para dormir y prepararnos para la carrera que comenzaría el domingo. Yo me metí en mi *sleeping bag*. Me puse tapones en los oídos para aislarme del grupo que me acompañaba en la tienda de campaña y aunque estábamos a 15 millas de la costa, me fui a dormir sintiendo la humedad y el olor a mar.

Primer día: la arena y el mar Atlántico

Caminar con zapatos en la arena es pesado. Tienes que tener fuerza. Yo no estaba entrenada para este tipo de superficies. Me ayudaba el conocimiento desarrollado en mis carreras sobre la nieve. Utilicéé la técnica de subir las rodillas y pegarme a la orilla cerca del agua. De esa manera, la arena mojada hacía el terreno era más firme y yo podía correr más rápido. Para aquel día el compromiso eran 25 millas. Sorteando las dificultades y aprendiendo sobre el terreno, fueron pasando las horas y las millas se fueron consumiendo.

En el mapa que estudié antes de salir, se veía un circuito bien definido. Te encaminabas hacia la costa. La recorrías todo el día y luego dabas vuelta a la derecha para toparte con el desierto que sería el trecho de la jornada del segundo día. Caminar o correr sobre la arena es agotador. No importa si está húmeda o seca y caliente. Pero mi experiencia en los otros desiertos me daba una gran ventaja. Estaba cansada, pero como me había entrenado muy bien, iba superando el terreno hasta llegar de nuevo al campamento después de seis horas de camino. Todos llegamos, menos el estadounidense a quien le tomó ocho horas completar el trayecto, dos horas más que al resto del grupo. Estaba exhausto, rojito y sudado. Entró a la carpa sofocado y sin hablar se desplomó en su *sleeping bag*.

Segundo día: no siempre el más rápido llega primero

Al día siguiente el terreno sería otro: piedra dura, temperatura caliente, ambiente húmedo. Había que prepararse para evitar la deshidratación que ocurre en este tipo de climas y condiciones. Como tenía un cansancio viejo por todo lo que hice antes de Namibia, tuve que controlar mis pensamientos y hacer el compromiso de tenerme paciencia y terminar el recorrido sin desesperarme, me decía:

—Lo tengo que hacer, si tengo que parar, lo haré. Correré cuando pueda y cuando no, caminaré.

Nuevamente, hacía un trato conmigo misma para no rendirme y darme fuerzas.

Había neblina desde las seis hasta las diez de la mañana, pero tendría que aprovecharla, eso era mejor que el solazo que aparecería más adelante. A lo lejos escuchaba unos sonidos espectaculares. Eran las focas que aparecieron en nuestro segundo día. En mi morral traía queso parmesano y una botellita de agua con electrolitos con sabor a fresa. Eso me daba placer y ayudaba a avanzar. En el camino me encontré con unos muchachos, a quienes ya había visto en Gobi. Caminamos juntos en silencio, pero su compañía me animaba. Así recorrí otras 20 millas el segundo día. Llegaron los japoneses quienes corrían juntos todo el tiempo. Con ellos venía un señor que hacía acupuntura. Más atrás, apareció uno de los australianos. Su compañero no llegó por un buen tiempo. Al llegar, vomitó. Tenía la cara seca como si les hubieran metido una aspiradora que le absorbiera toda el agua. Así lucen las personas cuando están deshidratadas.

Su amigo trataba de ayudarlo. Yo lo veía y quería orientarles, pero me mantenía en silencio. A veces, la gente se ofende cuando uno dice lo que piensa. Mientras, su amigo, confirmaba lo que yo suponía. Había corrido muy rápido y estaba deshidratado. Un ultramaratón no es como correr cinco kilómetros en unos minutos, a la ultradistancia hay que trabajarla despacito y con paciencia. Ambos australianos salieron de la carpa. Uno trataba de auxiliar al otro que además de vomitar ahora tenía diarrea. En estas carreras además del miedo, hay que controlar la vergüenza. El miedo te paraliza, la vergüenza te disminuye. Poner al descubierto tu fragilidad, esa parte intima de ti que no quieres que se conozca como reconocer que no puedes enfrentar el terreno, o vomitar y defecar frente a todos es muy duro.

No se recuperaba, Sin que nadie les llamara, aparecieron los médicos y se lo llevaron. Este joven, el mismo que unos días atrás hablaba mucho y se ufanaba de lo bien que estaba preparado, quedaba fuera de la carrera. No dudo que estaba en buenas condiciones físicas, pero su mente lo había traicionado. Se desesperó. No supo manejar sus recursos. En las carreras de larga distancia tienes que conocerte y, en momentos de angustia, controlarte. Después de este incidente, todos nos quedamos impactados. Yo me salí de la tienda y en silencio me tomé una taza de café con mi amiga de Bélgica. El fracaso de un compañero afecta porque piensas que ese pudiste haber sido tú.

No me comparo: me supero a mí misma

Empecé mi día con una barra de granola y café. El sol nos acompañó desde temprano y eso me daba energía. Era nuestro tercer día y veía cómo las dunas se asomaban a lo lejos como un flan gigante de arena. Los días seguían la misma dinámica. Levantarnos, comer algo, organizar el equipo y caminar o correr para cubrir otras 20 o 25 millas más. Delante de mí iba una chica de Hong Kong. Yo siempre les llevaba una gran ventaja y ahora notaba como se me adelantaban. Lo peor era cuando algunos compañeros me lo recordaban:

—Oye, ¿por qué vas hasta atrás? Eres de la mejores. ¿Qué te pasa?

No decía nada. Me limitaba a saludar y sonreír. Me rebasaron por lo menos cuatro de mi categoría, incluyendo a la libanesa, quien se esforzaba por superar sus tiempos. Los veía y me alegraba, pero seguía concentrada en lo mío. Suficiente era mantenerme, Mi peor enemigo soy yo misma. Por eso me empujo y concentro para que nada me distraiga. Mi objetivo no es ganar, sino terminar. Como estaba no me podía exigir más. Ponerles atención era una pérdida de energía. En estas carreras tienes que concentrarte en tu fuerza y el único reto que tienes frente a ti es cumplir tu meta. No era mi responsabilidad cumplir con sus expectativas acerca de lo que debía hacer o no. Así iba tranquila. A ratos me detenía para disfrutar de aquel espectáculo natural de tonos cafés, naranjas y rojos que me regalaba la vida. Casi sin darme cuenta llegué a la carpa. Me quité los zapatos y a pesar del esfuerzo, con alegría noté que mis pies estaban sanos.

Detrás de mí llegaron los japoneses que cuidaban su espacio como si fuera su territorio, juntitos como en un paquetito, aparentemente eso les daba estabilidad y confort, conocerse y apoyarse. Hacía mucho viento y entre todos empezamos a colocar piedras en la tienda para que no se volara. Me puse toda la ropa que tenía: doble franela, doble pantalón, medias dobles. Aquella noche haría frío. En eso llegó el australiano, el muchacho de Hong Kong y nos distrajimos un rato organizando el espacio que ahora se veía más amplio. Estábamos preocupados por el estadounidense que no aparecía a pesar de que ya habían pasado las dos horas que sumaban el tiempo que se considera suficiente para terminar el recorrido. Durante esta jornada nos dan unas horas para cubrir la ruta. La gente en los *check points* te van observando y si ven que no logras cubrir el camino en esas horas, te descalifican: el estadounidense no llegó.

Desde donde estábamos se veían unos atardeceres fantásticos. El sol se posaba en la parte alta del desierto y la teñía de sus tonos amarillos y cafés. Me acosté temprano, pero se me hizo difícil dormir porque tenía muchas cosas pendientes en Chicago. Pensaba en la boda y en todas las cosas que tenía que resolver una vez que llegara:

—Edna, cálmate, relájate, en este momento tienes que terminar lo de hoy, trata de resolver lo de hoy. Le di un tiempo a ese pensamiento que me atormentaba. Hice conciencia, no podía resolver en aquel instante la contratación de los meseros, el discurso, el vestido o los invitados. Mirando el problema, dándole un tiempo para entenderlo y saber que no podía solucionarlo, me dormí.

Correr y vivir liviano

El cuarto día comenzamos a subir las dunas que tenían una altura de cinco metros aproximadamente. Recorrí casi quince kilómetros utilizando la técnica de correr despacio sin parar, porque si no lo haces te hundes. Una vez que llegas a la cima, por los lados, hay unas cuencas que cuando el sol ilumina se ven como placas de oro. Desde arriba parecen un colchón y quieres aventarte. Veía como otros lo hacían, pero a mí me daba miedo desaparecer. En eso, detrás de mí llegó un amigo alemán. Aprovechamos una sección plana para contemplar la belleza. Bajábamos y subíamos. Así cubrimos 15 kilómetros. El esfuerzo fue enorme pero ya nos faltaba menos.

En la distancia se veían las banderas que anunciaban que estábamos cerca de uno de los *check points*. Al pasar celebraron nuestra llegada y nos dijeron lo mismo de siempre:
—Falta menos.

Y sí, en dos horas más estaríamos de nuevo en la carpa descansando y preparándonos para la distancia larga de 80 kilómetros en 24 horas. Debía estar descansada, necesitaría toda la energía para cubrir el trecho más largo de toda la semana. Llegué y pude sentarme un rato con Jeff. Comí lo mismo de todos los días. Conversar con él era como sentirme en casa. En este viaje no había tenido tiempo de socializar, aprovechaba cada momento para descansar, meditar y recuperarme. Intentaba ver a Jeff, aunque fuera un rato cada día, quien resumió el último trayecto: más playa y más dunas. Estábamos cenando cuando se acercó una muchacha de California, a quien me encontré en el camino, la veía pasar y me llamaba la atención el morral gigante que llevaba. Era su primer desierto y lo estaba haciendo muy bien, pero con aquella carga no llegaría muy lejos, sobre todo, ahora que venía la marcha larga. Cuando nos escuchó hablar inglés se acercó a preguntarnos. Se quejaba del dolor en la espalda. Recordé mi primer desierto, cuando perdí mi maleta y juntando cosas de aquí y de allá logré acumular cosas innecesarias que monté sobre mis hombros hasta que mi amiga la cubana me enseñó: "tienes que ocuparte sólo de resolver la comida y la ropa que necesitas cada día".

La chica de California traía de todo en aquel morral gigantesco con comida que ya no necesitaría, ropa, medicamentos, lámparas, en fin, un cargamento que no la ayudaría y que, al contrario, podría ser la causa del fracaso en su primera ultradistancia. Así que le conté mi experiencia y empezamos a eliminar los excesos: latas, ropa interior, medicinas. El día siguiente sería el quinto, luego el sexto y ya para el séptimo ya no necesitaría prácticamente nada. De 50 cosas, se quedó con diez. Se quitó un montón de libras de encima. Este tipo de soluciones las aplico a la vida cuando me siento conflictuada. A veces, cargamos con más cosas de las que necesitamos porque pensamos en lo que necesitaremos en el futuro. Si nos limitáramos a resolver el día a día, teniendo fe en nosotros tendremos los recursos para resolver nuestras necesidades, la vida sería más sencilla. Como nos enseña el padre nuestro. Danos el pan de cada día, no el del mes que viene o el del que le sigue. La vida puede llevarse con menos peso y al estar más livianos podemos, si lo deseamos, hasta volar.

Me fui a mi carpa sintiéndome feliz por haber ayudado a esta chica. Y así, contenta, me dormí.

No conflictuar la cabeza sólo tener voluntad

Antes de salir desayuné lo mejor que pude y me preparé mentalmente para lo que venía. Necesitaría paciencia y control, voluntad y serenidad. Había transcurrido un buen trecho cuando sentía que las piernas no me daban y que no avanzaba por la dificultad de la superficie. Decidí acercarme a la playa buscando terrenos húmedos. Entonces, seguí a otros corredores que iban más rápido. Buscaba estimularme y no pensar mucho en lo que me faltaba. Había comenzado a las siete de la mañana y no podría parar hasta que concluyeran los 80 kilómetros. Tenía 24 horas. Me tomaría la noche y parte de la mañana culminar este recorrido.

A veces ocurre que nos abruma pensar en la tarea que hay que completar. Se percibe larga, remota, imposible. Avanzaría hasta que la fuerza me acompañara, cuando ya no la tuviera me detendría. No le meto conflicto ni miedo a mi cabeza. Le doy voluntad y cariño. Me estímulo recordando las veces que lo he logrado, canto, rezo, sonrío. Durante la jornada me paré un par de veces a comer mi quesito y a tomar el agua dulce con electrolitos. A ratos me pasaban caras conocidas, cuerpos agotados cuya meta, al igual que la mía, era seguir avanzando. Si me preguntaran acerca de lo que hacemos y el porqué, les diría que somos unos locos a quienes les gusta sufrir sin razón. Pero una vez que concluyes el recorrido, te das cuenta que has crecido, que te volviste más sabio y grande en una semana porque a cada obstáculo encontraste una solución que te dio madurez y te ayudó a avanzar y a simplificarte la vida.

Diez horas llevaba corriendo y ya había cubierto 50 kilómetros, cuando en uno de los puntos de control me encontré otra vez con Jeff. Emocionado me comentó que me faltaba poco y que mis tiempos estaban muy bien. Hablamos brevemente, tomé agua y seguí. Como iba sola y estaba oscuro, creo que empecé a alucinar. El ruido de las focas de noche era fuerte y profundo. Apenas veía el camino, aunque llevaba una linterna en la cabeza. No sé por qué, pero se me ocurrió tirarme al suelo y ponerme en cuatro patas, para tener un poco más de control del camino. Iba de subida y temía caerme y rodar. No podía distinguir nada que estuviera más allá de 50 centímetros de mis ojos. Subía y subía hasta que llegué a la cima. Era una duna altísima. A lo lejos veía luces, pero era imposible determinar cuántos kilómetros me faltaban para alcanzarlas. Empecé a descender. Unas veces me revolcaba y otras trataba de caminar, pero me hundía en la suave arena mientras continuaba escuchando el sonido del mar y de las focas que se sonaban como elefantes. Me empeñaba en seguir ignorando lo que estaba delante de mí, y seguía las luces rojas que me indicaban que muy pronto llegaría al final, vería gente y terminaría aquel desierto que tanto me había dado y quitado. Atrás quedó el sonido del mar y el de las focas y empecé a escuchar voces humanas.

Me acercaba al final de la jornada larga, para mañana sólo quedarían unos siete kilómetros y todo habría terminado. Llegué, me acerqué a la gente y empecé a llorar. Desde mi cansancio y con lo poco que me quedaba de sobriedad, lloré con toda mi alma. Me reclamé una vez más que por qué chingado me metía en estos pedos. Me quité los zapatos y me metí en mi *sleeping bag* tratando de no hacer ruido. Era de madrugada y la mayoría se había ido a dormir ya. Traté de hacer lo mismo, pero no podía. Sentía un dolor intenso en las piernas. Me daba masajes y me acurrucaba abrazándome para aguantar el dolor que no se me pasaba. Me salí y busqué una silla plegable para subir las piernas, pero el dolor continuaba y tenía nauseas. Cerré los ojos y empecé a rezar. Ese era mi mantra, rezar y rezar sin pensar en las piernas ni en el deseo de botar lo que tuviera en el estómago. En esa agonía me dormí.

A seis de la mañana llegó el último de mi grupo. Uno de los japoneses lo logró justo una hora antes de que se le vencieran las 24 para terminar la parte más dura de esta ultradistancia. Yo me quedé en mi *sleeping bag*. Había recorrido los 80 kilómetros en dieciséis horas. Todo un récord para mí. Así que me di permiso de descansar hasta el día siguiente cuando terminaríamos los últimos siete kilómetros de la recta final. Como me sobraba tiempo, me uní a Jeff y a unos africanos encargados de organizar los safaris. En ese grupo también estaba un alemán y se disponían a celebrar con cervezas y pescado a la parrilla. Aunque yo compartía con el grupo, no podía comer ni beber nada de lo que ellos estaban consumiendo. Disfruté de la plática y de las historias. Allí nos quedamos un buen rato. Luego junto a Jeff, volví al área de los corredores que se encontraban callados, respirando profundo y contemplando el paisaje.

Una medalla demasiado dura

Para el último día ya estaba lista. De nuevo subí y bajé dunas por un espacio de siete kilómetros hasta alcanzar la meta. Fue Jeff quien me entregó la medalla más dura, la más sufrida que había ganado hasta entonces. Después de todos los sacrificios vividos, era el fin de esta jornada, por fin había llegado a la meta.

Me encontré con amigos con los que había estado en maratones anteriores en Chile y en Gobi. Después de Namibia me quedaba la Antártida, pero en aquel momento de agotamiento, sólo quería recoger las cosas, regresar a Chicago y pensar en organizar mi boda.

El sábado paseamos por el pueblo. Asistimos a la fiesta de premiación. No teníamos ganas de quedarnos, sino de volver al hotel para descansar y prepararnos para la premiación final de la tarde. En este tipo de eventos se premian a los más destacados, los primeros en llegar y los récords que se alcanzan, pero para la mayoría lo importante es terminar sin ser eliminados como les ocurrió a dos de mi grupo.

El segundo domingo de mayo era el día de las madres, lo supe porque en el restaurante había letreros en donde se las felicitaba, me pareció súper interesante saber que una celebración que creía tan personal, tan propia de mi gente, fuera celebraba con el mismo entusiasmo en este retirado lugar de África. Ya libre de compromisos, pensé en mi mamá, en lo importante que era en mi vida y la llamé. Necesitaba compartir mis alegrías y mis logros y agradecerle sus enseñanzas. Todo lo que era, en esencia, era el resultado de la educación que me había dado una mamá tan fuerte, persistente y dedicada. Me gustó escucharla.

—Estabas muy cerca a pesar de la distancia.

Namibia, un capítulo sufrido y complicado, llegaba a su final. Le dimos una última mirada al pueblo a donde quizás nunca más volveríamos y llegó la hora de partir. Nos fuimos en el mismo avión que el resto de los corredores. Hicimos escala en un primer aeropuerto, luego volamos a Johannesburgo y, finalmente, regresamos a Chicago.

Desierto de Namibia, 2016

Imposible que algo crezca y funcione si no le dedicas el tiempo

Boda bilingüe llena de amor y amigos

En cinco meses organizamos todo. Escogí un lugar en Naperville por donde pasaba con frecuencia cada vez que corría cerca de mi residencia en Romeoville. Era una casita linda con espacio suficiente para realizar la ceremonia en el patio y en los cuartos serviríamos la cena y se haría el baile, pero antes de convertirme en una mujer casada y para celebrar mi cumpleaños número 35, decidimos hacer una carrera más que sería parte del entrenamiento para la Antártida, mi último desierto.

Habíamos llegado en mayo de Namibia. Me reincorporé al trabajo tres semanas después cuando apenas me recuperaba de sus estragos, nos inscribimos en un maratón que tendría lugar en Ohio. Queríamos salir de la ciudad, así que nos tomamos ese fin de semana del 17 de junio y nos fuimos hacia la ciudad de Mohican, Ohio. Jeff corrió 100 millas y yo 50.

Para quienes no son maratonistas, es difícil entender estas ganas de correr. Nos llaman fanáticos. Nos cuestionan que le dediquemos tanto tiempo a las carreras. Para mí no hay disfrute más grande que correr. Correr es vivir. Cuando corro me desconecto y me enriquece estar sola. Sobre todo, en mi caso, porque mi trabajo implica una rutina súper monótona y desgastante en la que todos los días parecen repetirse.

Llegamos de Ohio y nos quedaban menos de dos semanas para arreglar lo que faltaba para la boda. Con el cuerpo cansado y la cabeza en orden, podíamos ocuparnos juntos de los detalles de la boda. Fue un matrimonio muy poco tradicional, en donde la religión jugó un papel secundario. Durante la ceremonia, nos concentramos en dejar claro que nuestra unión estaba basada en el amor, la verdad, el compromiso de querer vivir juntos enfrentando la adversidad en la riqueza y la pobreza siendo fieles a nuestros ideales. Esperábamos que eso nos mantendría juntos por siempre y para ello, contábamos con nuestros amigos, quienes estarían de testigos para recordarnos que este enlace sería para el resto de nuestras vidas.

Yo crecí católica. Creo en Dios que es mi guía y protector, pero no soy una fanática practicante. Jeff cree en la relatividad de la vida y que lo que será, será. Ambos nos respetamos y complementamos, por eso escogimos hacer una ceremonia civil en un jardín al aire libre. Aunque me vestí de blanco, no llevamos ningún ministro o sacerdote. Y allí, frente a la familia y los amigos, establecimos un compromiso real.

Estaba feliz porque esta unión me daba libertad, muy al contrario de lo que les ocurre a personas que, cuando se casan, se sienten sometidas, enjauladas en una estructura que las limita. Para mí casarme era crear proyectos, apoyarnos en nuestras ideas, crecer como individuos con el apoyo mutuo. Nos fuimos un fin de semana a Cancún con el único objetivo de estar juntos y desconectarnos. Por primera vez, apagamos los teléfonos y el contacto con el mundo para disfrutar de nuestra compañía. En este plan de andar juntos podrían o no incluirse los hijos. La verdad es que, a pesar de la presión familiar, no sentimos la obligación de tenerlos o por lo menos no por ahora. Estamos tan ocupados creando y trabajando, que sería muy difícil incluir a otra personita en medio de tantas obligaciones. Nuestros hijos son las ideas que vemos materializar después de mucho trabajo y esfuerzo.

Renuncio a ser oprimida

Además de apagar nuestros celulares en Cancún, decidimos organizar el futuro. Para ello, necesitábamos pasar tiempo juntos. Trabajando 14 horas diarias en la compañía de alimentos no había manera de compartir en pareja. Renuncié al trabajo que me daba seguridad económica, pero que me impedía vivir. Opté por darle tiempo a mi nueva condición de mujer casada. De ninguna manera estaba dispuesta a seguir sacrificando momentos lindos con mi pareja por mi horario de esclava que comenzaba a las dos de la tarde y terminaba doce o catorce horas después. Cuando llegaba de madrugada, Jeff ya se estaba despertando y alistando para salir. Nos veíamos unos minutos a la hora del almuerzo y de nuevo a trabajar. No teníamos vida y si algo yo quería era compartir a lado de este ser maravilloso que había escogido como pareja, era la vida.

Fisher Nuts, la empresa de *snacks* para la que trabajaba

funcionaba 24/7, 365 días al año. La cadena de producción no paraba. La gente no tiene tiempo. Por eso consume *snacks* como si fueran comida real, para distraer al estómago comiendo nueces, frutas secas, galletitas. En mi trabajo, controlaba los suministros, supervisaba al personal y la distribución. Tenía un cargo gerencial donde nos exigían decenas de horas al día. Yo era muy querida en mi empresa por mi disciplina y compromiso. Cuando anuncié que me iba, me ofrecieron más dinero e incentivos, mi trabajo me gustaba, pero tuve que escoger y lo hice. En agosto renuncié.

Es imposible crear cuando no le dedicas tiempo y atención a lo que quieres que crezca. Mi objetivo ahora era construir algo nuevo en pareja, así que tendríamos que generar nuestros ingresos sin sacrificar nuestro tiempo juntos. Jeff tenía su negocio establecido, Iron Lung Fitness, y ofrecía servicios de entrenamiento personalizado. Entonces pensé: "¿Por qué no juntar esfuerzos y hacer algo los dos?"

Yo me había abierto camino sola con la familia en contra, con un marido que no me valoraba, sin conocer el idioma ni la cultura. Ahora, mucho más fuerte. Con tres desiertos detrás, tenía que avanzar más rápido en lo económico sin perder lo que era esencial en mi vida: correr.

Por supuesto, no faltaron las críticas de la familia y allegados, quienes no podían entender que dejara un trabajo estable y lucrativo. Estaba acostumbrada a enfrentar a quienes no se atreven y quieren contaminarte con sus miedos y limitaciones, segura de que mis deseos de emprender algo nuevo significarían seguir riesgos mucho más grandes que perder la comodidad de un sueldo fijo. Ahora pondría en práctica todo lo aprendido en los últimos 12 años de trabajo en la empresa privada. Ellos me querían y estaban dispuestos a pagarme el mejor salario. ¿Por qué no aprovechar ese conocimiento, ahora en nuestro propio negocio? Mi marido estaba conmigo apoyándome todo el tiempo y lo único que me dijo fue:

—Tenemos dos opciones: o vivimos para trabajar o trabajamos para vivir.

Para celebrar los cambios que venían participamos en dos carreras más antes de irme al último desierto. Fue una competencia corta de 50 millas en Evergreen y el maratón de Chicago en octubre. Mi cuarto y último maratón culminaría la serie de los desiertos: Antártida.

Hasta el fin del mundo

Debo reconocer que para este último maratón no estaba tan motivada. Quería dedicarle tiempo a los nuevos planes y no tenía el equipo que necesitaba ni el dinero para comprarlo, además, estaría sola por más de dos semanas; sola en el fin del mundo. ¿Para qué? ¿Por qué? Quería esperar hasta el año entrante, pero eso no era una opción, porque esta ultradistancia se corre cada dos años y si no lo hacía este noviembre, tendría que esperar hasta el 2018.

De nuevo busqué ayuda con mis antiguos patrocinadores, Gift of Hope y junto con Raiza Mendoza, mi ángel de la guarda, me ayudaron a conseguir los recursos que necesitaba. Dos semanas antes de la fecha pude juntar lo que se me exigía. Había corrido tantos maratones desde que llegué de Namibia que no necesitaba entrenar más, estaba lista. Lo que sí fue toda una complicación, fue preparar la ropa y los alimentos.

Estaríamos sometidos a temperaturas heladas. Por eso no me podía conformar con la ropa ligera que había usado en los desiertos anteriores. En esta ocasión, tuve que agregar ropa de nieve, camisetas y pantalones térmicos, chaquetas, suéteres, medias, botas, gorros, una máscara para protegerte la cara del sol y del viento intensos y abrazadores y lentes especiales para protegerse los ojos. La superficie de la Antártida es tan blanca que al recibir los rayos del sol se convierte en un espejo brillante, cuyo reflejo puede quemarte los ojos. Me preocupaba tener que correr con todo este roperío sobre mi espalda.

La Isla del Rey George, Antártida, 2016

Aprendemos compartiendo nuestras diferencias. Luego de una confrontación, se queda la mejor idea

Un espacio virgen, cuyo propietario es la humanidad

La Antártida se conoce como el Continente Blanco, ubicada al sur del paralelo 60 en la zona polar austral, sus límites están definidos por la Convergencia Antártica, determinados por la unión de los océanos Pacífico, Atlántico e Índico. Su área es de 14 millones de kilómetros, pero la población es menor de 5,000 habitantes. No pertenece a un gobierno en específico, participan de él los países que firmaron el Tratado Antártico de 1959. Un territorio destinado a la investigación científica y la paz. Sus características topográficas y climáticas la convierten en un territorio inhóspito con fríos intensos que pueden llegar a los -89 °C donde se encuentra la Estación Vostok a cargo de Rusia.

El turismo es limitado. Los pocos que tienen el privilegio de visitarlo deben cumplir estrictas medidas de esterilización y aseo; evitar dejar desperdicios o residuos de cualquier ser vivo. No se permite llevar carnes, frutas o vegetales frescos, sólo comida seca. Comer a la intemperie debe ser sobre lonas que se colocan a manera de mantel sobre la superficie. Cualquier resto de pan o semilla podría ser mortal para los pingüinos, las focas, aves y especies marinas. La organización es muy estricta y si rompes el reglamento en lo relativo a la alimentación o la ropa te descalifican.

Pueblo lindo de pasado triste

Salí de Chicago un martes 16 de noviembre rumbo a Ushuaia con escala en Houston y Buenos Aires, al llegar a Argentina tomé otro avión que me llevó al puerto donde saldría el *Plancius* hacia la Antártida. Ya era jueves cuando llegué Ushuaia, un pintoresco pueblo conformado por siete calles desde donde se ve el mar. Estaba cansada y decidí irme a dormir temprano para descansar antes de embarcarme en mi nueva aventura. Desperté y salí a correr para disfrutar del paisaje y el contraste que tiene con las montañas cubiertas de nieve. Era primavera y se disfrutaban temperaturas de 15 °C por las mañanas. Desayunamos y nos preparamos para la junta. Todos éramos profesionales de la ultradistancia. Cumplíamos el requisito de haber corrido los tres desiertos que conforman la serie. Éste era el último. Me sentía feliz de ser parte de todo. Allí estaban Andrea, Kyle y Katia, la chica libanesa con quien había corrido otros desiertos y sería mi compañera de camarote.

Aproveché el tiempo previo al embarque para hablar con la gente y conocer el pueblo. Un muchacho que trabajaba en el hotel me explicó que, a unos diez kilómetros de distancia, en unas embarcaciones chinas ensamblaban productos electrónicos y que esa era la principal fuente de trabajo de los habitantes. El pueblo era famoso por la cárcel, construida entre 1888 y 1889 para alojar a presos de alta peligrosidad y después a opositores del gobierno. En 1947 fue clausurada transformada en museo. Son comunes los recuerditos que representan la imagen del uniforme a rayas.

Éramos 110 personas: el capitán, su tripulación, los organizadores de Raicing the Planet, investigadores, exploradores y 61 corredores de 24 países. La excursión no está destinada al turismo, pero diez personas más fueron incluidas. Saldríamos a las tres de la tarde, así que a partir del mediodía empezamos a acercarnos a la embarcación. Me preocupaba compartir la habitación con alguien que no conocía bien. En otros desiertos, solía pasar mucho tiempo sola y a aislarme en mi bolsa de dormir al llegar a la carpa para relajarme y descansar. Ahora tendría que compartir con otra persona y no sabía cómo manejaríamos el espacio y la privacidad.

A quien entra en mi territorio, lo elijo yo

Plancius es un barco de exploración e investigación científica que puede albergar hasta 114 personas entre tripulación y pasajeros. En sus cinco pisos se cuenta con comedores, salas de estar y hasta una biblioteca. Los camarotes ubicados en la parte de abajo tienen un máximo de dos camas. La puerta del nuestro tenía una etiqueta con mi nombre y el de Katia. Los camarotes pequeños contaban con dos camas, una ventana redonda y un *closet*. Probé la cama e intenté leer para dormirme. A penas llegó, Katia me preguntó si podía poner su ropa en el *closet*. Le dije que sí. Por la manera de hablar y de moverse en aquel espacio tan pequeño, supe que la intensión de mi compañera libanesa era marcar su territorio. Mientras sacaba su bella ropa de marca, me contó que representaba varias compañías: de licras y de zapatos. Se tomaba fotos en cada oportunidad que tenía para promover las prendas de sus patrocinadores. Cuando vi que el *closet* estaba lleno y organizado con sus cosas, le pedí que por favor dejara un lugar para poner mi chaqueta que era lo único que pensaba sacar de la maleta. Con una sonrisa traviesa como la niña que sabe que se comió más de las galletas que les correspondían, se excusó:

—Claro, disculpa.

Al mismo tiempo, sin pedir permiso, puso música árabe y sacó la bandera de su país.

Katia tenía unos 40 años y era profesora de educación física. Aunque fuerte y decidida, sus acciones, a mi manera de ver, decían lo contrario. Comentaba sus logros y los planes para apenas regresara, pero también sus miedos. Nunca había estado en la nieve y temía congelarse. Le hice un gesto para indicarle que me estaba quedando dormida. Tengo la habilidad de desaparecer a pesar de estar presente. Ya tenía bastante con mis miedos. Me puse el libro en la cara y por fin prevaleció el silencio. Los desiertos me han enseñado que no hay nada más poderoso que el silencio. A veces, de las 168 horas que suman siete días, hablaba un par, lo que me permitió conocerme y aprender de mí. Ahora tendría que desarrollar paciencia y compasión para superar el monólogo.

Entre sueños, media despierta y media dormida trataba de organizar mi vida. Este era mi último desierto. Estaba obligaba a resumir lo que había logrado, crecido y superado en cada etapa de mi vida. La vida había sido buena de regreso a casa me esperaba un capítulo nuevo junto a mi esposo una vez que culminara mi último desierto.

Plancius salió del puerto sin retrasos. A partir de este momento navegaríamos durante tres días para llegar a King George, la primera isla desde donde se daría inicio a un circuito de 11.4 km. Correríamos más de diez horas al día. El barco se mantiene a unos cinco kilómetros de la costa ya que el agua está congelada. Allí nos dejaban cada mañana y nos recogían en unas pequeñas embarcaciones que nos acercaban a la isla. Durante el día podíamos conectarnos por correo electrónico. Ellos abrían su satélite a las cuatro de la mañana y por tres horas podía escribir y recibir correos. Compré el servicio, pero casi no lo usé. Llegaba agotada y lo único que deseaba era descansar. Jeff no viajó conmigo. Era muy complicado para los voluntarios y solo hubo uno. Yo caminaba por los espacios comunes de la embarcación, compartía un poco y me regresaba a mi cuarto, su bamboleo me producía nauseas. Prefería quedarme tranquila, cerrar los ojos y disfrutar de mi silencio.

San Chárbel nos unió en oración

Había traído la oración de San Charbel. Un santo nacido en el Líbano de quien mi mamá, así como mucha otra gente en México es devota. Este santo era un ermitaño que pasaba horas en silencio pidiendo fuerzas para enfrentar la adversidad. Saqué mi oración y la leí. Mi compañera entró al camarote y me preguntó qué a quién le rezaba. Le mostré la estampa de San Chárbel y se sorprendió. ¿Cómo era que yo conocía a su santo libanés, quien por cierto había sido uno de los primeros católicos canonizados de su país? Ella también era católica y ahí encontramos otro punto en común aparte del amor por correr.

Katia aprovechó esta coincidencia espiritual para compartir su historia. El novio con el que se iba a casar la dejó por su mejor amiga. Se quería morir y lloraba todo el tiempo. Así que un amigo corredor la invitó a recorrer el primer desierto. Ella no era experta, pero corría rápido y la aceptaron en el primer maratón. Después del primero ya no paró. Al igual que yo, Katia buscaba consuelo en las carreras y, aunque yo sentía que se desgastaba comparándose y pensando en tantas cosas, con el tiempo las dos aprendimos de nuestras diferencias. Valoré su amistad y su ternura, parecía dura, pero en el fondo era tierna como una niña.

Primer día en la Antártida

El lunes 21 llegamos a la primera isla. Para el desayuno, a las 6:30 am, nos ofrecieron un sencillo bufete. Teníamos media hora para comer y alistarnos. En la primera isla haríamos la marcha larga y empezaríamos por lo más difícil. En los desiertos anteriores, después de caminar por cinco días, el sexto y el séptimo estaban destinados a la marcha larga de 48 horas en que no paras hasta culminar el recorrido. Ahora en la Antártida, las tormentas y avalanchas representaban un serio peligro. En todo caso, el primer día habría calma, así que los organizadores nos informaron que se realizaría la marcha larga.

En grupos de a diez nos montamos en la lancha que nos

llevó a la costa de la Antártida, hermoso y frágil terreno que no se pisa sino con botas especiales que evitan el contagio de bacterias y microbios ajenos. Una hora después, ya en tierra nos colocaron una lona en el suelo para depositar las cosas que no usaríamos hasta regresar. El frío era terrible. El viento y la nieve como en Chicago me eran familiares y, al principio, me resultó agradable y hasta familiar. El camino tenía forma de "V". Subiríamos desde el norte hacia el oeste en forma vertical hasta llegar a la punta atravesando tres estaciones de investigación científica custodiadas por militares.

Mientras íbamos bordeando la costa temía hundirme en la nieve por mi pequeño tamaño. Me metía entre el grupo. De esa manera los más altos aplastaban la nieve y me ayudaban a avanzar como un tractor que aplana el camino. Esta estrategia facilitó mi marcha que después de tres horas me resultaba más fácil.

De acuerdo al tratado firmado por 48 países, este territorio debe usarse con fines pacíficos. Se prohíben actividades militares como las pruebas de armamento, las explosiones nucleares y el depósito de residuos radioactivos, pero el uso personal de equipo militar para apoyar las actividades científicas u otros propósitos pacíficos si está permitido. Se promueve el intercambio de información y personal para fomentar la cooperación de los firmantes, con la Organización de las Naciones Unidas y otros organismos internacionales.

La primera estación que encontramos fue la rusa. Había como cuatro casas, tráilers, camionetas militares viejas y hasta una gasolinera. Los pobladores, gente de mediana edad. Salieron al escuchar nuestras voces, parecían severos e impenetrables en sus uniformes militares color arena, nos veían con curiosidad, pero sin mucho interés en saber nada de nosotros. Más adelante escuchamos música en español. Era la estación de los chilenos, quienes al contrario de los rusos apreciaron nuestra presencia y nos saludaban. Tenían algunas casas y una iglesia católica.

    En ninguno de los asentamientos vimos mujeres ni niños, aunque supe que en alguna época hubo familias. Según el libro Guinness, Emilio Marcos Palma fue el primer niño en nacer en la Antártida en enero de 1978, cuando su padre, un teniente coronel del ejército perseguido por el gobierno argentino, terminó escapando con su mujer embarazada hacia la Antártida.

    Seguimos avanzando y una pagoda y la bandera de China nos anunció que estábamos entrando en el territorio asiático. Uno detrás del otro, estos campamentos muestran características de la cultura de sus habitantes. Esta zona tiene una distancia aproximada de dos kilómetros y medio, así que cuando entre subidas y bajadas cubres el primer trecho de la V completas cinco kilómetros por el lado izquierdo. Culminé la primera parte y emprendí la segunda por el lado derecho. Me pareció menos complicada porque el terreno era firme y de piedra. No había nieve, pero el frío era intenso y, con los zapatos mojados, sentías que se te congelaban los pies. Sabíamos que nos tocarían temperaturas muy bajas. Los organizadores nos recomendaron cubrirnos la cara con las máscaras de invierno para evitar quemaduras en la piel y usar lentes especiales para proteger los ojos. Finalmente, ese día logré recorrer por más de diez horas el circuito de 11.4 kilómetros.

    A mi regreso al barco, me sentía agotada. Quería darme un baño, abrigarme y acostarme. Un lugar caliente era lo único que mi cuerpo me pedía. Algunos de mis compañeros tenían la suficiente fuerza y estómago para ver películas, dar vueltas en las áreas comunes o disfrutar del espectáculo glaciar de la Antártida, pero en mi primer día yo no podía. Me bañé, tomé un consomé y me fui a dormir sin noche pues en la Antártida en verano el día dura 24 horas.

No podía cargar con más peso que el mío

Me gusta madrugar para organizarme. Mientras tomaba café, disfrutaba callada de aquella maravilla que la vida me había permitido conocer: la helada Antártida con sus enormes masas de hielo flotando y su espectáculo de montañas blancas. Bajo estas temperaturas, al igual que en el calor, te deshidratas, por eso llevaba mis polvos con electrolitos para el agua, sopa concentrada y salada para evitar los calambres y la deshidratación y mis barras de granola sin semillas que serían mi sustento durante el camino.

Llegamos a isla Telefon Bay Deception Island ubicada al costado de un volcán. Allí correríamos durante diez horas en un circuito de tres kilómetros. Cada vez que dábamos una vuelta, le hacían un agujerito a una tarjeta y así se llevaba el control de las distancias. Estos espacios cortos que repites varias veces vuelven el recorrido muy tedioso y te agotas más rápido. Para ocupar la mente traía a mi pensamiento mis recuerdos de Chicago. Eso me empujaba y me daba seguridad. La verdad es que no pasa mucho que pueda describirse con palabras. Yo quería terminar, regresar al barco, comer, descansar y cumplir con aquel objetivo de supervivencia que me había fijado. El tiempo me diría cuán importante fue aquella lucha contra la adversidad para mi crecimiento emocional.

A medida que pasaban los días, me costaba más mantenerme de pie, pero hacía un esfuerzo para compartir con los pocos turistas que nos acompañaban. Eran personas que venían de todas partes del mundo. Sabían que yo venía con el grupo de corredores y aunque hacían preguntas, prefería escuchar sus pláticas de las que aprendía y me alimentaba de información distinta. Ellos no hablaban de ultramaratones ni de carreras, eran aventureros cuya pasión era viajar. Había una señora inglesa que visitaba la Antártida por primera vez. Se había jubilado, pero estaba llena de vida. Todo le fascinada. Tomaba fotos, preguntaba, comentaba. No le molestaban las turbulencias, no se quejaba, nada la perturbaba y todo lo valoraba. Con ella y este grupo de viajeros aprendí de vinos, comidas, lugares. Eran gente bien informada, divertida y libre.

Pasaba tiempo con ellos y evitaba hacer más que dormir en el camarote porque mi compañera me agarraba de paño de lágrimas. Recuerdo que en una ocasión le tuve que hablar fuerte porque apenas entré al camarote, la encontré llorando y empezó con su letanía de quejas:

—No puedo más, este frío me está volviendo loca. No sé si voy a poder seguir.

Su energía era demasiado para mí. No podía cargar con el peso de las dos.

Sola en el fin del mundo

El tercer día estuvimos en la isla Paradise Harbour, Stoney Point corriendo 8 horas en un circuito aún más pequeño que el anterior. Apenas 1.4 km. Nuevamente, dimos vueltas por ocho horas. No había hablado mucho con Jeff ni con nadie de mi familia. Me sentía aislada del mundo. Podía escribirle porque en el barco teníamos Internet, pero cuando llegaba estaba exhausta. Esa noche vomité. Estaba deshidratada y pensé que al día siguiente no podría continuar. Me tomé unas pastillas que causaban somnolencia y podían afectar mi trayecto del día siguiente, pero no me quedó de otra. Cuando desperté supe que muchos de mis compañeros habían estado graves por el movimiento del barco cada vez era más fuerte. No sabías qué era peor, si quedarte congelada en la isla o volver al barco. Justamente el mareo, las náuseas y el encierro son variables a considerar. Añoras estar en tierra firme, pero, una vez afuera, el frío y las condiciones del terreno te agobian.

Emergencia: alerta de avalancha

El jueves 24, cuarto día de la jornada, en Estados Unidos se celebraba el Día de Acción de Gracias. Nosotros llegábamos a Damoy Point para correr al menos ocho horas en un circuito de 3.8 km. Una vez en la playa empezamos nuestra rutina y escuchamos que los organizadores querían que nos quedáramos más tiempo. Todo dependía de las condiciones del tiempo. Nos dijeron que podrían presentarse situaciones de peligro por las avalanchas. Permanecimos alerta a los silbatos que era la llamada de alerta para regresar.

Yo iba para mi tercera vuelta. A medida que nos acercábamos a uno de los puntos de control no vimos gente. Habían recogido todo. Empecé a correr más rápido y a bajar la montaña. En efecto, se estaban yendo:

—Pero, ¿cómo es posible? No se pueden ir sin nosotros aún quedábamos muchos.

Las alarmas habían sonado y a los primeros que se llevaron fueron a los que estaban en la orilla. En eso vi a uno de los organizadores. Me dijo que recogiera mis cosas, venía la temida avalancha y el barco debería zarpar lo más rápido posible. Nos fuimos en grupos. Una vez en el barco, los estadounidenses decidieron celebrar el Día de Acción de Gracias. Nos sentamos juntos en una mesa y cada quien dijo unas palabras de agradecimiento. Yo era la única hispana en el grupo. Saqué mi bandera y agradecí a Dios, a la vida y a Estados Unidos por la oportunidad que me daba de alcanzar mis sueños. Estaba muy sensible y recordé, como en una película, lo que había vivido. Sentía a mi esposo y mi familia lejos. Todo lo añoraba. Recordé mi casa y que pertenecía a un lugar donde se me quería y respetaba. Pensé en todas las pequeñas recompensas, incluida la de estar corriendo mi última carrera de desiertos de ultradistancia. Junto a decenas de desconocidos, me sentí protegida y en familia. Tenía la certeza de que estaba en el lugar que yo había elegido.

En el día cinco llegamos a la isla Danco, donde correríamos ocho horas en un circuito de 3.1 km. Era una montaña de nieve con forma de zigzag. Al descender, la nieve me llegaba hasta la cintura. A las tres horas me tuve que parar porque me estaba muriendo de hambre. Comí granola y noté que mis compañeros temblaban de frío. La chica de Vietnam y mi amiga la libanesa lloraban. Yo intentaba animarlas para que no se detuvieran y seguí. Me estaba haciendo pipí. Tenía que apurarme para llegar a los baños portátiles del punto de control donde sólo se permitía orinar y todavía me faltaban tres kilómetros.

Así repetí mi ruta una y otra vez. Estaba aburrida, pero trataba de disfrutarlo mientras terminaba las millas correspondientes. Pasé cerca de un volcán inactivo. Era impresionante verlo. Estás arriba en una especie de circunferencia desde donde se ve la playa de un lado y, del otro, la montaña gris y porosa: nieve y costa. Las transformaciones del terreno, unas partes más sencillas, otras más complejas, me mantenían atenta. Justamente por esos cambios y el esfuerzo que implicaban se me dañaron las rodillas sin que yo me diera cuenta inmediatamente.

Otro factor que me ayudó a mantenerme en pie fue encontrar colonias de pingüinos y focas. Me enteré que existían seis diferentes especies de focas y más de cinco especies de pingüinos. La diferencia era notoria, algunos eran largos y delgados y otros pequeñitos y gordos. Había otros que tenían cabellos amarillos que parecían pestañas largas sobre sus ojos.

Sólo pude saciar mi hambre hasta llegar al *Plancius*, donde nos esperaba una sopa de tomate caliente que me supo a gloria y me volvió la vida. De nuevo seguí mi rutina. Bajé al camarote, me bañé y fue entonces que noté que tenía las rodillas hinchadas. Me dolían y preferí descansar hasta que nos llamaron a cenar. Comí y volvieron los mareos y la náusea. Quería que este malestar terminara, pero justo ese era el desafío de este desierto.

Y para cerrar, boda en la Half Moon Island

Una vez que terminamos la carrera formamos un círculo. Llegaron el capitán del barco, la novia y el novio elegantemente vestidos. Ella, de negro, se veía imponente en medio de la blanquísima nieve de la Antártida. Dos amigos formaron parte del cortejo y todos fuimos testigos de la bendición y los votos que leyó el capitán. Una manera única y espectacular de sellar su compromiso de amor. La carrera cerraría con pastel de boda, brindis y acto de premiación. Esta pareja se había conocido en otro maratón y el último día de la carrera decidieron jurarse amor eterno.

Completamos la distancia que nos faltaba para alcanzar los 202.9 kilómetros. En la última vuelta, liberé todas mis emociones. Reí y lloré abrazando a Mary Gadams. He compartido muchas experiencias a lo largo de estas cuatro carreras de ultradistancia con esta maravillosa mujer, quien es la directora. Mientras cruzaba la línea de llegada recordé Atacama, las dificultades superadas, los errores y los aprendizajes, las caídas y los dolores. Todo lo había superado. Y a pesar del gran cansancio, sentía la felicidad inexplicable de ver cumplida una gran meta.

Epílogo

La aventura que continuará

Recordar este cuarto y último desierto me fue muy difícil. Dado que no oscurece, los días transcurren sin que te des cuenta. Aquel día de la boda y la premiación no tenía fuerzas ni para recibir mi medalla, pero lo hice. Ya emprendíamos el retorno que tomaría un poco más de dos días. Atracaríamos el lunes en Ushuaia. Pero la travesía de regresar implicaba pasar por la zona donde convergen los océanos Atlántico y Pacífico, cuyas fuerzas han hecho desaparecer pequeñas embarcaciones debido las corrientes ingobernables y a los efectos de las diferentes temperaturas que, al mezclase con el agua gélida de la región polar, pican el mar. Si la ida hacia la Antártida fue dura, el regreso fue fatal. Nos agarró una tormenta, pero como todas las otras, ésta también pasó. Tan pronto llegamos a tierra firme, le escribí a Jeff.

¿Quién sabe cuándo se volvería a repetir esta experiencia? La vida me había dado la oportunidad de disfrutar de una saga fascinante. Estaba contenta, pero me alegraba bastante regresar a casa. Se acercaba la Navidad. Recuerdo que un día, estando en misa, por fin encontré el espacio para liberar con lágrimas todo lo bueno y lo malo que había vivido. Cuatro desiertos en cuatro años eran mucho aprendizaje en poco tiempo. Me sentía curada de toda la rabia con la que había iniciado. Ahora, fresca y sana, estaba lista para emprender nuevos proyectos. Quería contar mi historia y ayudar a los demás compartiendo las herramientas que me había dado el correr. Estaba lista para comenzar un nuevo capítulo junto a mi pareja como empresarios y atletas: una hermosa combinación de amor, talento y cultura. Así fue como nació este libro y Vive Healthy, la aventura que continuará.

Isla Elefante, Antártida, 2016

Made in the USA
Lexington, KY
12 November 2019